行走德育

价值铸魂育人的时代报告

"上城教育高质量发展系列丛书"编委会
编　著

上海交通大学出版社
SHANGHAI JIAO TONG UNIVERSITY PRESS

图书在版编目（CIP）数据

行走德育：价值铸魂育人的时代报告 / “上城教育高质量发展系列丛书”编委会编著 .—上海：上海交通大学出版社，2023.5

ISBN 978-7-313-28548-5

Ⅰ.①行… Ⅱ.①上… Ⅲ.①德育工作一研究一杭州 Ⅳ.① G41

中国国家版本馆 CIP 数据核字（2023）第 064355 号

行走德育：价值铸魂育人的时代报告

XINGZOU DEYU: JIAZHI ZHUHUN YUREN DE SHIDAI BAOGAO

编　　著：“上城教育高质量发展系列丛书”编委会

出版发行：上海交通大学出版社　　地　　址：上海市番禺路 951 号

邮政编码：200030　　电　　话：021-64071208

印　　刷：杭州捷派印务有限公司　　经　　销：全国新华书店

开　　本：710mm×1000mm　1/16　　印　　张：14.5

字　　数：213 千字

版　　次：2023 年 5 月第 1 版　　印　　次：2023 年 5 月第 1 次印刷

书　　号：ISBN 978-7-313-28548-5

定　　价：78.00 元

“上城教育高质量发展系列丛书”编委会

本册编委会

主　编

苏媛媛

副主编

孙颖兰　庞科军

成　员

王　书　蒋　敏　全晓兰　徐　峥　陶焦芳

蒋　婕　徐　彬　马益彬　孙琴娟　王超锋

叶建群　吕阳俊　葛娟飞　廖建华

总　序

⊙

2022 年 10 月，中国共产党第二十次全国代表大会胜利召开。党的二十大报告指出：从现在起，中国共产党的中心任务就是团结带领全国各族人民全面建成社会主义现代化强国、实现第二个百年奋斗目标，以中国式现代化全面推进中华民族伟大复兴。高质量发展是全面建设社会主义现代化国家的首要任务，而教育又是全面建设社会主义现代化国家的基础性、战略性支撑之一。

建设高质量教育体系，要以改革教育教学为动力。教育工作者要转变教育观念，遵循青少年儿童发展规律，践行“顺性教育”理念；要改革培养人才模式，改善教育方式方法，改进教育评价制度，落实“双减”要求，推进素质教育；要科学地运用信息技术，促进教育数字化，把现代技术与优秀教育传统相结合，促进教育现代化。

杭州市上城区作为长三角主要城市的中心城区，历史悠久，底蕴深厚，在探索教育高质量发展的实践方面起步较早，形成了很多具有区域特色的发展经验。这些年来，我多次到过上城，访问参观多所学校，与上城的教育行政干部和学校教师有所接触，并目睹了上城教育发生的变化，我认为以下几个方面值得关注：

一是以创新发展推动教育改革。“惟改革者进，惟创新者强。”一直以来，上城都肩负着为教育改革探路先行的历史使命，在理念、机制、服务创新方面作出了有益的尝试。在数字化时代的背景下，上城全面推进教育领域的数字化改革，构建了数字化、空间化、智能化、一体化的数智治理格局。此外，上城重视家庭教育，在全国首创“星级家长执照”，开创家长“持证上岗”的先河，为家校协同育人探索了新的路径。

二是以协调发展促进优质均衡。教育高质量是实现全学段、全领域、全系统的优质均衡，是在政府、学校、社会等主体之间建立良性互动。上城加大统筹力度，开发上线“淘活动”平台，有效整合各类校内外活动资源，打造“九养上城”课程体系，让城市居民乐享终身学习，让各级各类教育的价值与功能实现最大化和最优化。

三是以绿色发展提升育人品质。教育的高质量是在“质”与“量”方面都达到高水准，关注的是人的可持续发展。上城坚持以学生为本，尊重学生的身心发展规律。一方面，深入推进面向学生、教师、学校的教育评价改革，树立科学的教育质量观和人才培养观。另一方面，将课堂作为立德树人的主渠道，启动“思维课堂”研究，实现课堂从“知识立意”“能力立意”到“素养立意”，以思维发展促进学生核心素养落地。

四是以开放发展实现要素整合。高质量的教育体系是开放的，包括系统内部各类资源的开放，也包括系统外部各种要素的开放。上城坚持开放的教育理念，着力打破校园围墙与学科壁垒，探索建设区域学习中心，以“走班—走校—走社会”的新型学习机制，促进学生个性化发展。坚持以德化人，打造特色德育品牌“行走德育”，让学生走出校园、走入社会，以“行走”的方式践行社会主义核心价值观。

五是以共享发展助力教育公平。共同富裕是新时代的命题，教育均衡发展是共同富裕的基础，也是共同富裕的重要体现。上城在共同富裕的背景下，创新名校集群的发展范式，打造教育“新共同体”十大模式，强化师资队伍建设，以“五阶段、五梯队、多维度”的“教育人才多维生长台”助力教师专业发展，促进优质教育资源为群众所共享，以教育公平促进社会公平正义。

上城教育的发展，充分体现其对教育高质量发展的解读、思考与实践，展现了上城胸怀“国之大者”的视野与格局。上城教育编写出版的“上城教育高质量发展系列丛书”，全面梳理并总结了其教育改革发展的成果，涵盖名校集群建设、教育数字化改革、课堂教学改革、教育评价改革、教师培养、学校德育、家庭教育等方方面面，内容丰富、站位高远、系统性强，既有科学的教育理论，又有典型的经验案例，体现了理论与实践的统一、科学与趣味的统一。

“上城教育高质量发展系列丛书”汇集了上城教育育人实践的精华，凝聚了很多有价值的发展经验，为各地的教育改革发展提供了参考和借鉴的对象，有助于建设高质量的教育体系。相信更多的教育人能够从书中得到启迪，进一步锐意改革、积极创新，有力推动教育高质量发展。祝贺本套丛书的出版问世！

是为序。

北京师范大学资深教授
中国教育学会名誉会长

2022年11月28日

序

⊙

我在杭州市上城区行走过。行走在上城的校园有着特别美好的感觉，每次行走都会有收获，受到鼓舞，一股股创新的气息扑面而来。如果把感受作个小结，那就是八个字："美好教育，上乘质量。"长期以来，尤其是党的十八大以来，上城区"这十年"作了系列化的深度改革，从来没有停下过脚步。他们始终以高质量发展为总主题，构建了发展大格局，以"行走"的方式，将立德树人根本任务落实到教育教学的全过程，让教育越来越美好。

在改革的潮流中，有一支行走大军，中流击水，浪遏飞舟，指点江山，激扬文字，给时代交出了一份精彩的答卷：《行走德育：价值铸魂育人的时代报告》。这份报告，写在大地上，闪耀在教育的蓝天，镌刻在教育人的心灵深处。阅读这份报告，我们仿佛也成了大军中的一员，在育人的赛道上，行走着，奔跑着，和上城教育人一样，是研究者、改革者、创造者，而且心里满溢着美好的体验。

“行走德育”，是上城教育改革中生成的一个概念，具有原创性，又具有普遍意义。在中国古代文字中，关于“仁”，有另一种写法：荆州郭店楚墓竹简中，所有的“仁”字皆写作“𠇮”，即上为“身”，下为“心”。字体十分形象，意思是“仁”是身心结合而成的，“身”意味着做、行动、实践，也就是“具身”的意思；而“心”则意味着内心的体验、感悟和认知的凝练；“身”与“心”的统一才会有真正的“仁”，有真正的“德”。两者不可分离，也不能偏离。但是，在很长的时间内，德育常常强调“知”而忽略“行”，因而德育止于口头和书面，效果是很不理想的。“行走德育”的提出，是对中华优秀传统文化的弘扬，也是德育甚至是育人本义的回归，显然，这是德育改革的深化与发展。

习近平总书记论述过道德与社会主义核心价值观的关系，其实就是一种德，既是个人的德，也是一种大德。我们学习、领会习近平总书记的重要论述，认识到社会主义核心价值观是道德的核心，培育、践行社会主义核心价值观就是在铸魂。因此，上城区“行走德育”的根本目的是“价值铸魂”，铸中华文化伦理道德之魂，铸革命传统文化与社会主义先进文化之魂，总之，用社会主义核心价值观铸学生的民族之魂。上城区还有自己的表达，让社会主义核心价值观成为学生的“成长芯片”。芯片具有无穷的能量，凝练着成长的智慧；具有指引性，规定着成长的方向；具有生成性，创造了积极的意义。成长芯片既形象又深刻，学生怀揣成长芯片，才能创造成长，走向未来。

行走是一种方式，也是一种力量，更具有文化的意义。行走在大地，行走在田野，意味着深耕实践，从实践中，从大地上汲取成长的营养，只有把根深深扎在大地，才能生根，才能站稳脚跟，在任何风雨中都不会飘移、动摇。行走，意味着经历，要跋山涉水，还要战胜惊涛骇浪，坚韧不拔，在战胜后又迈步从头越。行走，意味着对话，与历史对话，与时代对话，也与心灵对话。行走，意味着探究，在探究中分析问题、研究问题、解决问题，在探究中有新发现、新创造。行走，也是一次美的历程，进行积极的情绪调动，让情绪沸腾起来，升华成热爱祖国的情感。因此，行走是一种力量。行走的力量改变前行的步伐，改变进步的姿态，更新前进的节律。

当成长芯片与行走力量汇聚在一起的时候，就构建了德育模式，进而构建了育人模式，将立德树人转化为真实、丰富的实践，这是创造性转化、创新性发展的过程。上城区以创新的方式驱动了改革与发展，为育人方式改革作出了重要贡献。同时，“行走德育”具有原创性，是理论上的创新。

这本著作的具体成果主要有三个方面：其一，探索了社会主义核心价值观培育与践行的“网图”。他们从爱家兴国、社会责任、个人成长三个维度架构区域行走德育课程框架，开发并统整区域内外课程资源，形成了全区学生可参与的行走路线，引导学生走出去，行走起来，从书本世界走向生活世界、从网络世界走向真实世界，走在大地上，让心灵有收获。其二，形成了行走德育“核心价值铸魂育人”的主题。上城教育人以专业的智慧，设计了育人的行动方案。他们建立基地，一个个基地犹如行走中的驿站、行军中的营房。行军有主题，即为“寻根之旅”“承志之旅”“追梦之旅”“扬帆之旅”。这些主题具有鲜明的引领性，将育人方式融入主题行走之中，行走路上开出了一丛丛鲜花。其三，构建了立德树人全过程合力育人机制。上城区依循行动哲学和“行走理论”，从不同的角度审视、整合、概括、提炼，形成了四环推动机制，即“规划—实施—助力—展评”；“双线并进”机制，即线上、线下同时进行，发挥信息技术作用，又在实践中完善，帮助学生扣紧人生第一粒扣子。

上城教育人又开始了新的行走，开启了新的旅程。“上城之旅”是“上乘之旅”，因为成长的“芯片”积蓄了新动能，行走的力量展现了新优势，将铸魂融入教育的美好之中，而美好教育创造了有灵魂的卓越。上城行走之旅说到底是育人之旅，接续着中华民族伟大复兴的新征程，为实现中国式现代化教育深入探索，将会交出新答卷。继往开来，我们满怀信心，共同富裕下，每个孩子享有公平而有质量教育的美好愿景，在前方又一次铺展，闪耀着时代的新曙光。我们继续勇敢前行，行走在光明与美好之中——这是上城教育人的“上乘”

的精神品格和专业能力的力量。我们乐观地期待着。

成尚荣

国家督学

教育部基础教育课程改革专家

2022 年 12 月 8 日

目录

第一章
党建的力量：中国德育的历史寻绎

新时代中国德育的历史使命需要回答“为谁培养人、培养什么人、怎样培养人”这个教育的根本问题。“培养什么人”是教育的首要问题，培养“中国脸、中国心、中国情、中国味”的社会主义建设者和接班人，是教育者的根本任务。“怎样培养人”是教育的路径遵循问题。习近平总书记提出的“六个下功夫”和“九个坚持”，明确了培养担当民族复兴大任时代新人的基本遵循路径。“为谁培养人”是教育的价值取向问题。为人民服务，为中国共产党治国理政服务，为巩固和发展中国特色社会主义制度服务，为改革开放和社会主义现代化建设服务，就是新时代教育的价值取向。

第一节
党的教育方针指引教育发展

⦿

党的教育方针是我们党在一定历史时期提出的有关教育事业的总方针和总政策，是教育改革发展的指导思想、价值取向和根本要求。深刻认识党的教育方针的时代内涵，准确把握贯彻党的教育方针的现实基础，科学谋划落实党的教育方针的根本要求，是各级教育行政部门、各级各类学校党员干部义不容辞的政治责任和教育天职。

一、党在不同历史时期的教育方针概述

建党 100 多年来，中国共产党不断发展、完善党的教育方针，围绕“为谁培养人、培养什么人、怎样培养人”这个根本问题，探索出适合我国国情的教育发展道路，为实现中华民族伟大复兴的中国梦奠定了坚实基础。

1934 年 1 月，在江西瑞金第二次全国工农兵苏维埃代表大会上，毛泽东提出了苏维埃文化教育的总方针：“在于以共产主义的精神来教育广大的劳苦民

众，在于使文化教育为革命战争与阶级斗争服务，在于使教育与劳动联系起来，在于使广大中国民众都成为享受文明幸福的人。”

1949年中华人民共和国成立前夕召开的中国人民政治协商会议第一次全体会议通过的《中国人民政治协商会议共同纲领》指出：“中华人民共和国的文化教育为新民主主义的，即民族的、科学的、大众的文化教育。人民政府的文化教育工作，应以提高人民文化水平，培养国家建设人才，肃清封建的、买办的、法西斯主义的思想，发展为人民服务的思想为主要任务。”1957年2月，毛泽东在《关于正确处理人民内部矛盾的问题》讲话中提出教育方针：“我们的教育方针，应该使受教育者在德育、智育、体育几方面都得到发展，成为有社会主义觉悟的有文化的劳动者。”这是中华人民共和国成立以来党和国家领导人第一次正式阐述的社会主义教育方针，第一次将“德育”放到了首位，第一次明确提出了培养“劳动者”的目标。

改革开放后，邓小平明确提出在新时期要继续坚持德、智、体等几方面全面发展的教育方针。1982年，《中华人民共和国宪法》明确：“国家培养青年、少年、儿童在品德、智力、体质等方面全面发展。”1983年国庆前，邓小平为北京景山学校题词：“教育要面向现代化，面向世界，面向未来。”学者杨天平、陈小东提出：“以立法的形式，将邓小平‘教育要面向现代化，面向世界，面向未来’的题词厘定为我国新世纪的教育方针。”

1991年7月1日，在中国共产党成立70周年大会上，江泽民指出：“教育是社会主义物质文明和精神文明建设极为重要的基础工程。”1992年，党的十四大报告提出：“我们必须把教育摆在优先发展的战略地位，努力提高全民族的思想道德和科学文化水平，这是实现我国现代化的根本大计。”2002年，党的十六大报告中提出：“坚持教育为社会主义现代化建设服务，为人民服务，与生产劳动和社会实践相结合，培养德智体美全面发展的社会主义建设者和接班人。”“为人民服务”首次被写入教育方针，再一次体现了中国共产党始终代表最广大人民根本利益。

2005年1月，胡锦涛在全国加强和改进大学生思想政治教育工作会议上强调,“培养什么人、如何培养人,是我国社会主义教育事业发展中必须要解决好的根本问题”。2007 年,党的十七大报告中,胡锦涛指出:“教育是民族振兴的基石,教育公平是社会公平的重要基础。要全面贯彻党的教育方针,坚持育人为本、德育为先,实施素质教育,提高教育现代化水平,培养德智体美全面发展的社会主义建设者和接班人,办好人民满意的教育。”将“教育公平”和“人民满意”作为重要内容,这是对党的教育方针的丰富和发展。

从党在不同历史时期的教育方针可以看出:教育方针有很强的时代背景属性,和社会政治、经济的发展有紧密关系,如“面向世界”就具有改革开放后的时代特色,同时,新中国的教育方针,不管是初期的“劳动者”,还是后期的“建设者和接班人”,不管是“德智体”还是“德智体美”,都聚焦于学生的全面发展,都强调教育对社会发展的战略意义。

二、新时代党的教育方针阐述

党的十八大以来,中国特色社会主义进入新时代,以习近平同志为核心的党中央作出优先发展教育事业、加快教育现代化、建设教育强国的战略部署,决定把劳动教育纳入社会主义建设者和接班人的要求之中,提出“德智体美劳”的总体要求。习近平总书记在全国教育大会、学校思想政治理论课教师座谈会等会议发表重要讲话,多次赴各级各类学校考察调研、致信回信,作出重要指示批示,对新时代全面贯彻党的教育方针提出明确要求。

党的十九大报告指出:“优先发展教育事业。建设教育强国是中华民族伟大复兴的基础工程,必须把教育事业放在优先位置,深化教育改革,加快教育现代化,办好人民满意的教育。要全面贯彻党的教育方针,落实立德树人根本任务,发展素质教育,推进教育公平,培养德智体美全面发展的社会主义建设者和接班人。”

2018 年,在全国教育大会上,习近平总书记强调:“在党的坚强领导下,全面贯彻党的教育方针,坚持马克思主义指导地位,坚持中国特色社会主义教育发展道路，坚持社会主义办学方向，立足基本国情，遵循教育规律，坚持改革创新，以凝聚人心、完善人格、开发人力、培育人才、造福人民为工作目标，培养德智体美劳全面发展的社会主义建设者和接班人，加快推进教育现代化、建设教育强国、办好人民满意的教育。”

2021 年 4 月，十三届全国人大常委会第二十八次会议通过关于修改《中华人民共和国教育法》的决定，将其第五条修改为“教育必须为社会主义现代化建设服务、为人民服务，必须与生产劳动和社会实践相结合，培养德智体美劳全面发展的社会主义建设者和接班人”，将党的教育方针落实为国家法律。党的二十大报告指出：“我们要坚持教育优先发展、科技自立自强、人才引领驱动，加快建设教育强国、科技强国、人才强国，坚持为党育人、为国育才，全面提高人才自主培养质量，着力造就拔尖创新人才，聚天下英才而用之。”“育人的根本在于立德。全面贯彻党的教育方针，落实立德树人根本任务，培养德智体美劳全面发展的社会主义建设者和接班人。”

新时代党的教育方针重视教育的战略作用。一百多年来，在中国共产党的坚强领导下，中华民族实现了从站起来到富起来，从富起来到强起来的飞跃，党的十八大以来，以习近平同志为核心的党中央洞悉世界发展趋势，深刻把握时代脉搏，中国发展进入新时代，站在实现“两个一百年”奋斗目标及中华民族伟大复兴的关键时期，教育的战略地位凸显。面对世界百年未有之大变局，立德树人的重要性进一步凸显，党中央、国务院及教育部相继对教育各个领域的工作进行部署，尤其是对教育评价、思政教育等领域高度重视，为党育人，为国育才。

新时代党的教育方针以人民为中心。为办好人民满意的教育，党的二十大作出了“坚持以人民为中心发展教育，加快建设高质量教育体系，发展素质教育，促进教育公平”的庄严承诺，为全面贯彻党的教育方针指明了前进方向。既不能单纯地为了追求“普及”而牺牲质量，也不能片面地为了追求“提高”而牺牲公平，要做到普及与提高兼顾，公平与质量统一，实践优质均衡的高质量教育。

新时代党的教育方针追求人的全面发展。全国教育大会上，劳动教育正式成为“五育”之一，把劳动教育纳入培养目标之中，在学生中大力弘扬劳动精神，是为了培养学生崇尚劳动、尊重劳动的意识，使学生能够辛勤劳动、诚实劳动、创造性劳动，推动中国从制造业大国走向制造业强国。

总的来说，党在新时代对教育做了顶层设计的“四梁八柱”，新时代的教育正在发生深刻而广泛的变化。

三、“五育并举”教育方针的时代内涵

对“为谁培养人、培养什么人、怎样培养人”这个教育根本问题回答的集中体现，就是培养德智体美劳全面发展的时代新人。要实现这一目的，须努力构建德智体美劳全面培养的教育体系和更高水平的人才培养体系。全国教育大会召开后，中共中央、国务院相继印发了一系列文件，提出坚持“五育并举”教育方针，全面发展素质教育。2019 年 6 月，《中共中央　国务院关于深化教育教学改革全面提高义务教育质量的意见》是中共中央、国务院印发的第一个聚焦义务教育阶段教育教学改革的重要文件，是新时代我国深化教育教学改革、全面提高义务教育质量的纲领性文件。2020 年 10 月，中共中央、国务院印发《深化新时代教育评价改革总体方案》，要求完善德育评价、强化体育评价、改进美育评价、加强劳动教育评价、严格学业标准，再一次明确了“五育并举”的教育方针。

《关于深化教育教学改革全面提高义务教育质量的意见》文件中对“五育并举”总的要求是：

突出德育实效。完善德育工作体系，认真制定德育工作实施方案，深化课程育人、文化育人、活动育人、实践育人、管理育人、协同育人。大力开展理想信念、社会主义核心价值观、中华优秀传统文化、生态文明和心理健康教育。加强爱国主义、集体主义、社会主义教育，引导少年儿童听党话、跟党走。加强品德修养教育，强化学生良好行为习惯和法治意识养成。打造中小学生社会实践

大课堂，充分发挥爱国主义、优秀传统文化等教育基地和各类公共文化设施与自然资源的重要育人作用，向学生免费或优惠开放。广泛开展先进典型、英雄模范学习宣传活动，积极创建文明校园。健全创作激励与宣传推介机制，提供寓教于乐的优秀儿童文化精品；强化对网络游戏、微视频等的价值引领与管控，创造绿色健康网上空间。突出政治启蒙和价值观塑造，充分发挥共青团、少先队组织育人作用。

提升智育水平。着力培养认知能力，促进思维发展，激发创新意识。严格按照国家课程方案和课程标准实施教学，确保学生达到国家规定的学业质量标准。充分发挥教师主导作用，引导教师深入理解学科特点、知识结构、思想方法，科学把握学生认知规律，上好每一堂课。突出学生主体地位，注重保护学生好奇心、想象力、求知欲，激发学习兴趣，提高学习能力。加强科学教育和实验教学，广泛开展多种形式的读书活动。各地要加强监测和督导，坚决防止学生学业负担过重。

强化体育锻炼。坚持健康第一，实施学校体育固本行动。严格执行学生体质健康合格标准，健全国家监测制度。除体育免修学生外，未达体质健康合格标准的，不得发放毕业证书。开齐开足体育课，将体育科目纳入高中阶段学校考试招生录取计分科目。科学安排体育课运动负荷，开展好学校特色体育项目，大力发展校园足球，让每位学生掌握 1 至 2 项运动技能。广泛开展校园普及性体育运动，定期举办学生运动会或体育节。鼓励地方向学生免费或优惠开放公共运动场所。通过购买服务等方式，鼓励体育社会组织为学生提供高质量的体育服务。精准实施农村义务教育学生营养改善计划。健全学生视力健康综合干预体系，保障学生充足睡眠时间。

增强美育熏陶。实施学校美育提升行动，严格落实音乐、美术、书法等课程，结合地方文化设立艺术特色课程。广泛开展校园艺术活动，帮助每位学生学会 1 至 2 项艺术技能、会唱主旋律歌曲。引导学生了解世界优秀艺术，增强文化理解。鼓励学校组建特色艺术团队，办好中小学生艺术展演，推进中华优秀传统文化艺术传承学校建设。通过购买服务等方式，鼓励专业艺术人才到中小学兼职任教。支持艺术院校在中小学建立对口支援基地。

加强劳动教育。充分发挥劳动综合育人功能，制定劳动教育指导纲要，加强学生生活实践、劳动技术和职业体验教育。优化综合实践活动课程结构，确保劳动教育课时不少于一半。家长要给孩子安排力所能及的家务劳动，学校要坚持学生值日制度，组织学生参加校园劳动，积极开展校外劳动实践和社区志愿服务。创建一批劳动教育实验区，农村地区要安排相应田地、山林、草场等作为学农实践基地，城镇地区要为学生参加农业生产、工业体验、商业和服务业实践等提供保障。

“五育并举”是一个有机整体，相辅相成，相得益彰。“五育并举”需要在一定的时空中形成体系，为培养时代新人进行系统思考和设计。“五育并举”在学校的实践有多种形式，可以通过一育带动诸育，以当前学校教育最为欠缺的劳动教育为例，学校要树立“以劳立德、以劳启智、以劳健体、以劳育美”的思路，而不是就劳动谈劳动，就劳动培养劳动能力。有时候也可以一育为主，但在一个阶段中有交叠的内容设计；还可以在不同的教育教学过程中融合诸育。具体落实到教育教学中，需要运用系统思维，将国家的五育要求进行整体设计和整体实施。

学校育人体系需要整体设计。学校育人体系一般包括理念体系、课程教学体系、管理体系、评价体系等四大子体系。理念体系重点解决的是学校中“人”的发展定位和目标方向的问题；课程教学体系重点解决的是学校中人的发展载体、途径和方法问题；管理体系重点解决的是人的发展过程保障和支持问题；评价体系重点解决的是人的发展走向问题，起到指挥引领作用。人的问题是四大体系问题的核心。一切从学校整体出发，优化关键性教育要素，整体建构要求“五育并举”以学校全面育人目标为统领，以适切的教育主张为支撑，以育人理念体系、课程教学体系、管理体系、评价体系为依托，以思政课程为关键切入点，以课程思政为融合体系，全面落实“立德树人”的根本任务。充分发挥共青团和少先队组织的作用，突出政治启蒙和价值观塑造，梳理分析其内在逻辑关系，建立学校改革整体框架，整体推进学校变革，实现“整体大于部分之和”的最佳效益。

学校育人体系需要整体实施。我们的学校教育普遍存在着“长于智、疏于德、弱于体、少于美、缺于劳”的现象和问题，落实落细“五育并举”的关键，是找到切入点和抓手，在“协调”上下功夫。对于学校来说，主要是课堂和活动两大系统，“五育并举”下的课堂改革，需要围绕如何突出德育实效、提升智育水平、强化体育锻炼、增强美育熏陶、加强劳动教育等方面重点问题，强化学科整体育人功能，着力增强教学设计的整体性、系统性，研究如何促进学生学习、改进教学方法、优化作业设计、解决教学问题等。同时，要加强实践和体验教育，教育是“做”的哲学，要实现培养时代新人的目标，学校教育需要加强生活实践、劳动和职业体验教育，让学生接触自然、体验生活、了解社会，习得在未来社会立足的必备品格和关键能力。

第二节
教育的根本任务是立德树人

⊙

1935年初秋，在中华民族危急存亡之际，南开大学校长张伯苓在开学典礼上向全体师生问了三个问题："你是中国人吗？你爱中国吗？你愿意中国好吗？"2018年9月，习近平总书记在全国教育大会上谈到了这个故事，并强调"这三个问题是历史之问，更是时代之问、未来之问，我们要一代一代问下去、答下去！"这著名的"爱国三问"，实质是在追问教育要"培养什么人"这一首要问题。浇花浇根，育人育心。我国是中国共产党领导的社会主义国家，这就从根本上决定了我们的教育必须坚持立德树人，培养一代又一代德智体美劳全面发展的社会主义建设者和接班人。

北宋政治家司马光说："才者，德之资也；德者，才之帅也。"人才培养是育人和育才相统一的过程，而育人是本。人无德不立，育人的根本在于立德，这个德既有个人品德，也有社会公德，更有报效祖国和服务人民的大德。德"立"住了，人才能"树"起来，才能真正成为对国家、社会有用的人才。古往今来，任何国家、社会，都是按照其政治要求来培养人，从而维护政治统治、维系社会稳定的。

对于我们党和国家来说，我们培养的人，必须树立共产主义远大理想和中国特色社会主义共同理想，这就是我们要立的“德”。立德树人，关系党的事业继承，关系国家前途命运，不管什么时候，我们为党育人的初心不能忘，为国育才的立场不能改。学校党建工作，就是要坚持立德树人，不断培养德智体美劳全面发展的社会主义建设者和接班人，这样才能让党和国家事业兴旺发达、后继有人，才能推进伟大事业、实现伟大梦想。

一、立德树人的历史逻辑：中国传统文化中的家国情怀

2019 年春节团拜会上，习近平总书记指出：“我们要在全社会大力弘扬家国情怀，培育和践行社会主义核心价值观，弘扬爱国主义、集体主义、社会主义精神，提倡爱家爱国相统一，让每个人、每个家庭都为中华民族大家庭作出贡献。”这不仅深刻阐释了维系中华民族赓续演进的重要精神力量之所在，而且对新时代中华儿女勤勉奋进、砥砺前行报以深深期许。

家国情怀是中华传统文化的精神基因，是华夏儿女最真挚的情感归宿和最浓烈的精神底色。家国情怀作为中华优秀传统文化的基本维度和重要标识，是每个中华儿女对华夏命运共同体的一种认同，是全体社会成员对民族大家庭的一种坚守和护持。在国人的传统观念里，国与家紧密相连、休戚与共，家是缩小的国，国是放大的家，个人命运与民族存亡息息相关。《孟子 · 离娄上》曾作出精辟阐述：“天下之本在国，国之本在家，家之本在身。”无独有偶，距今两千多年前的《大学》中也说：“古之欲明明德于天下者，先治其国；欲治其国者，先齐其家；欲齐其家者，先修其身。”这些经典都将国家、社会、家庭和个人串连成一个密不可分的整体，奠定了国人修身、齐家、治国、平天下的道德理想和行为准则。爱国情怀是中华民族最深沉的民族禀赋，是中华民族最鲜明的精神基因，习近平总书记在北京大学师生座谈会上的讲话中指出：“从某种角度看，格物致知、诚意正心、修身是个人层面的要求，齐家是社会层面的要求，

治国平天下是国家层面的要求。”

家国情怀是一个人对国家和人民的深情大爱，是对国家富强、人民幸福的理想追求，它是对自己国家高度的认同感、归属感、责任感和使命感的体现，是一种深层次的文化心理密码。世界各国都教育本国的人民要爱国，但从历史看，中国人是家国情怀最深沉的国度，在漫漫五千年的历史长河中，每一位中国人，从一出生就沉浸在孔子、司马迁、杜甫、陆游、辛弃疾等人的典籍和诗词中，聆听着辛弃疾、文天祥、岳飞、史可法等英雄的故事长大，就像习近平总书记在会见第一届全国文明家庭代表时的讲话中指出的一样：“中国人历来讲求精忠报国，革命战争年代母亲教儿打东洋、妻子送郎上战场，社会主义建设时期先大家后小家、为大家舍小家，都体现着向上的家庭追求，体现着高尚的家国情怀。”

但我们也看到，一些人迷信“月亮是外国的圆”，面对国家和社会发展中遇到的一些问题，容易文化不自信。因此，我们需要引导每一个学生传承中华民族历来爱国爱乡的传统，真正做到道路自信、文化自信。

二、立德树人的时代逻辑：我们都是答卷人

我们党历来重视以德育人、以德治教，始终把德育摆在突出位置。中华人民共和国成立后，我们党确立了教育方针，强调要使受教育者在德育、智育、体育几方面都得到发展，成为有社会主义觉悟的有文化的劳动者。改革开放后，我们党明确提出要培育有理想、有道德、有文化、有纪律的“四有”新人。党的十八大把“立德树人”明确为教育的根本任务，党的十九大进一步提出，要“落实立德树人根本任务”，党的十九届四中全会对完善立德树人体制机制提出新的具体要求，党的二十大强调：“培养什么人、怎样培养人、为谁培养人是教育的根本问题。育人的根本在于立德。”党的教育方针始终坚持德育为先，把坚定正确的政治方向放在第一位，培养了一代又一代听党话、跟党走，扎根人民、奉献祖国的社会主义建设者和接班人。

青少年阶段是人生的“拔节孕穗期”，人在这一时期知识体系搭建尚未完成、价值观塑造尚未成型、情感心理尚未成熟，加之现在的青少年长期生活在和平环境之下，没有体验过民族处于生死存亡之际的苦难，没有经历过血与火的考验，人生阅历相对有限。在市场经济和对外开放条件下，消费主义、拜金主义、功利主义等负面因素的影响不可低估。如果不加以正确引导和长期教育，青少年就难以树立正确的理想信念，甚至可能走偏。因此，必须把立德树人作为根本任务，着力教育引导广大青少年牢固树立马克思主义信仰、中国特色社会主义信念、实现中华民族伟大复兴中国梦的信心，更好地肩负起民族复兴的时代重任。

党的十八大提出，“把立德树人作为教育的根本任务，培养德智体美全面发展的社会主义建设者和接班人”。此后，习近平总书记围绕坚持立德树人这一教育的根本任务作了许多重要论述，提出了明确要求。习近平总书记强调：要在坚定理想信念上下功夫，教育引导学生树立共产主义远大理想和中国特色社会主义共同理想，增强学生的中国特色社会主义道路自信、理论自信、制度自信、文化自信，立志肩负起民族复兴的时代重任。要在厚植爱国主义情怀上下功夫，让爱国主义精神在学生心中牢牢扎根，教育引导学生热爱和拥护中国共产党，立志听党话、跟党走，立志扎根人民、奉献国家。要在加强品德修养上下功夫，教育引导学生培育和践行社会主义核心价值观，踏踏实实修好品德，成为有大爱大德大情怀的人。要在增长知识见识上下功夫，教育引导学生珍惜学习时光，心无旁骛求知问学，增长见识，丰富学识，沿着求真理、悟道理、明事理的方向前进。要在培养奋斗精神上下功夫，教育引导学生树立高远志向，历练敢于担当、不懈奋斗的精神。要在增强综合素质上下功夫，教育引导学生培养综合能力，培养创新思维。

党的二十大报告进一步强调，要“全面贯彻党的教育方针，落实立德树人根本任务，培养德智体美劳全面发展的社会主义建设者和接班人”。要实现“两个一百年”奋斗目标、实现中华民族伟大复兴的中国梦，必须通过教育立德树人，培养大量社会主义建设者和接班人。我们要牢牢抓住立德树人的关键，落实立德树人根本任务，要全面贯彻党的教育方针，始终坚持社会主义办学方向，结合新时代的新要求将其全面落到实处。要把立德树人融入思想道德教育、文化知识教育、社会实践教育各环节，学科体系、教学体系、教材体系、管理体系要围绕这个目标来设计，教师要围绕这个目标来教，学生要围绕这个目标来学。要把社会主义核心价值观融入教育全过程，深入开展理想信念教育、爱国主义教育、中华优秀传统文化教育和革命传统教育，引导和帮助学生把握好人生方向，扣好人生的第一粒扣子。坚持素质教育，教育引导和培养学生综合能力，鼓励和培养学生的创新精神；树立健康第一的思想，不断增强学生的体质，培养学生积极向上的健康心态，健全人格、锤炼意志；坚持以美育人、以文化人，提高学生审美和人文素养；加强劳动教育，引导学生崇尚劳动、尊重劳动，懂得劳动最光荣、劳动最崇高、劳动最伟大、劳动最美丽的道理。

三、立德树人的实践逻辑：根植社会主义核心价值观

2017 年 8 月 17 日教育部发布《中小学德育工作指南》，提出了立德树人，践行社会主义核心价值观的六条主要途径：课程育人、文化育人、活动育人、实践育人、管理育人、协同育人。其中实践育人包括利用爱国主义教育基地、公益性文化设施、公共机构、企事业单位、各类校外活动场所、专题教育社会实践基地等资源，开展不同主题的实践活动；明确指出德育内容包含“理想信念教育”“社会主义核心价值观教育”“中华优秀传统文化教育”“生态文明教育”“心理健康教育”。

中共中央办公厅印发的《关于培育和践行社会主义核心价值观的意见》将 24 字社会主义核心价值观分成国家、社会、个人三个层面，将国家、社会、公民的价值要求融为一体，暗合了传统的家国一体理念，而且包含的逻辑起点也是一致的。作为个体的人，是社会组成的基本元素，也是社会价值观的逻辑起点。社会价值观的凝练，取自所有人在社会行为中所逐步形成的共识；社会价值观的实现，归根于每个人对它的践行和执守。所以，每个社会个体应当首

先注重自身修养的塑造，要讲求社会交往中的友善、诚信，要讲求社会分工中的敬业、职守，要讲求对社会责任的担当及对民族、国家的热爱。然后，才会有更高层面的社会价值观的凝聚和实现。

研究表明，儿童的政治社会化过程一般可以分为四个阶段：政治化、拟人化、理想化、制度化。针对儿童接受政治观念是从情感、拟人开始的特点，共青团和少先队组织基于学生的认知等身心发展的特点，努力探索少年儿童情感为主的认同模式，坚持在正面教育中培养朴素感情，将社会主义核心价值体系儿童化、生活化、具体化。

上城区在立德树人的实践中，以党建引领，实现“社会主义核心价值”和实践育人、活动育人内在肌理的有效融合，寻找到一条适合城市青少年价值铸魂的路径，通过区域性资源的整合优化，整体架构引领，创建行走网图，突破思政课程及课程思政的学科壁垒，使区域化共享成为可能，更好地实现“社会主义核心价值观”落地。这条路径成为立德树人的行动逻辑，是上城教育人立德树人实践中的创新，实现了以下三方面的突破：

其一，育人中党建引领，系统设计。党建引领，就是引领社会一切教育力量，深深扎根在上城的土地上，用上城的历史文化，一草一木，浸润学生的成长；不停行走在上城的土地上，用自己的身心感受城市的发展，寻找时代的发展路径，激发自我的使命感和时代责任意识。党建引领，突破单位之间的藩篱，实现资源共享，进行系统架构，从而做到育人力量的整合，育人资源的汇聚，育人人员的协同。

其二，育人中路径交叠，协同行走。“行走德育”将课程育人、实践育人、管理育人、协同育人、文化育人、活动育人等路径交叠实施，聚焦学生生长，适用什么路径就选用什么路径，有时是以单一路径为主，有时是多路径融合实施，真正将五育融合落到了实处，学校根据其地域特征和需求，选择不同的区域资源，从而丰富了学生的育人实践。

其三，育人中数字赋能，优化评价。通过数字化，让育人看得见，是上城立德树人的时代特征。“淘活动”平台具备自主选择的资源匹配功能，让学生从小选择活动，长大选择人生。学习中心数字化资源平台，更加使每个学校的精品化课程实现有序共享，让学生在家门口享受更加优质的教育。区域数字赋能，使每所学校以及每个区域的“行走德育”具有了迭代更新的内驱动力，从而驱动资源、评价等不断优化。

参考文献

[1] 毕诚．毛泽东教育思想的形成与发展［N］．中国教育报，2021-09-23（007）．

[2] 中央教育科学研究所．中华人民共和国教育大事记［M］．北京：教育科学出版社，1984.

[3] 毛泽东．关于正确处理人民内部矛盾的问题［N］．人民日报，1957-06-19（001）．

[4] 中华人民共和国宪法［M］．北京：人民出版社，1982.

[5] 杨天平．“两个必须”与“三个面向”［J］．教育与现代化，2001（01）：23-27.

[6] 江泽民．江泽民文选：第一卷［M］．北京：人民出版社，2006.

[7] 江泽民．全面建设小康社会，开创中国特色社会主义事业新局面［N］．人民日报，2002-11-09（002）．

[8] 胡锦涛．高举中国特色社会主义伟大旗帜　为夺取全面建设小康社会新胜利而奋斗［N］．人民日报，2007-10-25（001）．

[9] 习近平．决胜全面建成小康社会　夺取新时代中国特色社会主义伟大胜利［N］．人民日报，2017-10-28（001）．

[10] 习近平．坚持中国特色社会主义教育发展道路　培养德智体美劳全面发展的社会主义建设者和接班人［N］．人民日报，2018-09-11（001）．

[11] 中华人民共和国教育法（2021 年最新修订）［M］北京：中国法制出版社，2021.

[12] 中共中央 国务院关于深化教育教学改革全面提高义务教育质量的意见［N］．人民日报，2019-07-09（001）．

[13] 方勇．孟子［M］．北京：中华书局，2010.

[14] 王国轩．大学　中庸［M］．北京：中华书局，2006.

[15] 习近平．在会见第一届全国文明家庭代表时的讲话［N］．人民日报，2016-12-16（002）．

第二章
成长的“芯片”：行走德育的时代立意

“立德树人”作为教育的根本任务，已经成为育人工作的根本，成为教育工作的主旋律。那么究竟该树立怎样的一种德呢？2014年5月4日，习近平总书记在北京大学师生座谈会上回答了这个问题：“核心价值观，其实就是一种德，既是个人的德，也是一种大德，就是国家的德、社会的德。”这个论述不仅为我们在要建设什么样的国家、建设什么样的社会、培育什么样的公民的重大问题上作出了精准概括，也为广大教育工作者该“培养什么样的人”指明了方向。“行走德育”也正是在社会主义核心价值观指引下发荣滋长，在立德树人的道路上坚定前行，越走越远。本章梳理了立德树人的教育根本任务与社会主义核心价值观教育之间的关联性，回顾了行走德育的进阶历程，凝练了行走德育的时代立意。

第一节
上城育人实践 30 年的必由之路

⊙

社会主义核心价值观是当代中国精神的集中体现，回答了新时代要建设什么样的国家、什么样的社会，培育什么样的公民的问题。中小学德育工作需要聚焦立德树人，不忘初心、牢记使命，坚持党建引领、以人为本，坚持系统谋划、统筹推进，立制度、建机制、强服务、聚合力，来深入推进形成方向正确、内容完善、载体丰富、常态开展的德育工作格局。这也是上城教育人的担当和使命。

一、“行走德育”的演进历程

行走德育是上城区中小学“价值铸魂”的育人实践，是通过构建网图式的行走课程，应用“行中学”的实践范式，开展“寻根、承志、追梦、扬帆”的主题行走活动，让学生在亲身经历、亲身体认和亲身实践中，认知、认同并自觉践行社会主义核心价值观。行走德育的研究，体现了马克思主义实践观与中国知行合一思想的融通，是马克思主义育人思想中国化的生动实践，是价值铸魂、实践育人的理性思考和理论生成。

1. 创建校内外德育基地，推动“环境育人”（1991 年 5 月—2012 年 11 月）

基于“德”“行”密不可分的朴素思考，力推德育实践活动。以 1991 年 5 月成立区域少年军校总校为起点，分步建成国防、生存、农事等 6 类 22 个校外基地，4 个校内基地成为市第二课堂场馆，创建 7 个全国国防教育特色基地，发布区“中小学社会实践基地名录”。2005 年，教育部在区域“敬廉崇洁”启蒙教育实践基地举行现场会，时任中共中央政治局常委、中央纪律检查委员会书记吴官正和时任浙江省委书记习近平等领导前来视察并指导。本阶段以区域主体的基地建设，为后期联建基地群奠定了基础，拓展了育人环境，强化了实践育人理念。

2. 构建价值观铸魂目标，推行“课程育人”（2012 年 12 月—2014 年 11 月）

深度挖掘社会主义核心价值观育人内涵，以“知行合一，偏重于行”为指向建立铸魂目标体系，规划“寻根、承志、追梦、扬帆”的行走主题活动，以“靶向定制、校本升级、跨域联建”为方式，逐步培育基地、课程和路线相融通的行走课程。2014 年 10 月，区域大课程建设成果获浙江省教科研成果一等奖。三年间，各校德育课程建设有了向心力，行走布局从“联点成线”走向“互联成网”，优化了内容，活化了方式。

3. 形成机制和行走范式，推进“协同育人”（2014 年 12 月—2017 年 11 月）

以“案例剖析—要素建模—实践验证—变式应用—分类深化”为路径，凝练“行中学”范式，让学生行走的方式更生动。同步实施区域行动计划和省规划课题“行走德育：区域推进德育方式转型的机制研究”，形成四环推进的实施机制、线上线下并进的合力机制。2015 年，《中国德育》刊发区域经验。2017 年 11 月，“行走德育”获评全国德育工作优秀案例，在全国中小学党建暨德育工作会议上展示，区域获评全国未成年人思想道德建设工作先进集体。

4. 丰富行走德育理论，深化“实践育人”（2017 年 12 月至 2022 年 12 月）

完善以“核心价值铸魂育人”为内核的理论架构，剖析典型案例，优化操作体系。2017 年年底至今，“行走德育”被评为浙江省教科研成果二等奖、浙江省和杭州市基础教育教学成果一等奖，多次在杭州市政府，浙江省委宣传部、省文明办主办的论坛中作专题推广。《人民教育》专访相关人员后发表专题报道《行走德育：让社会主义核心价值观成为学生成长的“芯片”》。五年多来，通过定制培训、成果应用等方式，携手浙江省内各地和安徽、黑龙江、贵州等省市的学校师生共同深化“实践育人”。链接 2-1-1 是上城区教育学院两位教师发表在《教学月刊 · 中学版》2022 年第 4 期“教学管理”的专题论述（扫描二维码即可查看）。

链接 2-1-1 “行走德育”的区域探索

二、“三原色”德育的演进历程

“三原色”德育是原江干区的育人实践，秉持以立德树人为根本任务，以培育和践行社会主义核心价值观为核心，以培养具有可靠接班人、中国好公民、合格建设者特质的“钱江少年”为育人目标的区域德育的总称。“三原色”德育是以环境、课程、活动为载体，以学校、家庭、社会为阵地，以队伍、研究、评价为支持，由政府协调，各相关职能部门共同落实的区域德育体系（见图 2-1-1）。

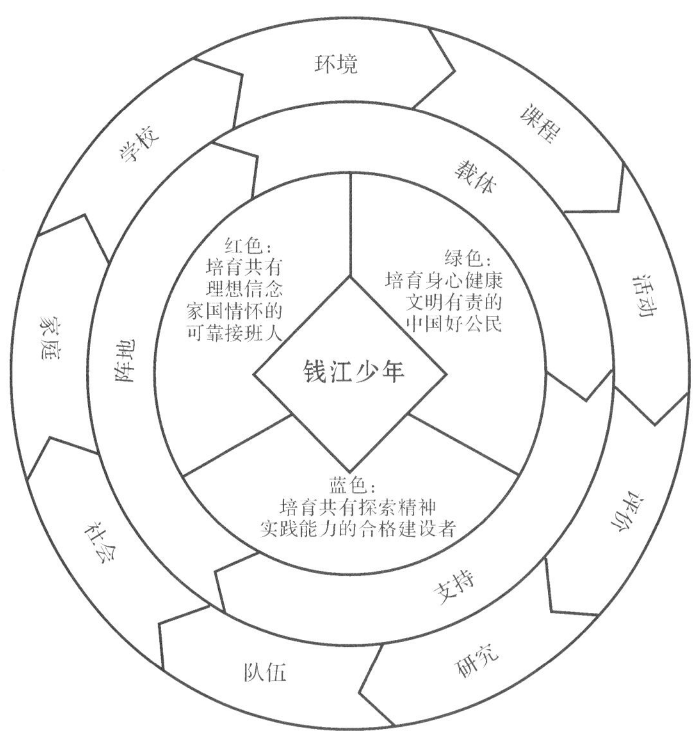

图 2-1-1　“三原色”德育育人体系示意图

1. 以一校一品促生区域品牌（1997 年 2 月—2013 年 8 月）

自 1997 年起，区域推出了创建德育特色学校活动，完善特色学校申报、验收、评估、挂牌制度，倡导学校根据自身的办学特色和资源优势，探索学校德育特色，凸显学校的德育工作亮点。经过实践探索，区域内逐步形成了“环保教育”“生命教育”“公民教育”三大区级德育品牌和以实践活动为载体的“钱江五心少年”活动品牌。区教育局充分发挥育人品牌的影响力，以学校文化建设为重点，努力打造高品位的“人文校园”，高质量的“绿色校园”。从 2011 年开始，区域在全省率先推行“钱江品质少年寻访之旅”主题德育实践活动，引导钱江少年感受家乡变化，积极践行低碳环保、关爱老人、文明出行等志愿服务活动，塑造“钱江品质少年”，让家国情怀根植少年心中。

2. 以“三原色”德育构筑育人蓝图（2013 年 9 月—2019 年 1 月）

自 2013 年起，区教育局全面架构红、绿、蓝“三色”德育体系。红色指培育具有理想信念、家国情怀的合格接班人；绿色指培育身心健康、文明有责的中国好公民；蓝色指培育具有探索精神、实践能力的创新型人才。发挥区域合力，持续推进班主任“三级两锐”成长计划，打造适应时代发展的育人队伍。坚持“品德 +”大德育课程的实施与研究，抓好课堂德育主阵地，将课堂与实践结合、社会生活与社会文化融合。开发区本德育课程《孝文化读本》《廉文化读本》，同时，德育课程采用多元学习方式，以提升学生对中华文化的认同感，厚植家国情怀。通过引进社会力量，与浙江省心理卫生协会、区律所等社会资源合作，提升学生综合素养，如与司法局合作的“校园法制晨会”获全国“未成年人健康成长法治保障制度创新事例评审”活动优秀奖。原江干区教育局协同区内 13 个部门、8 个街道成立“江干区钱江少年成长关护共同体”，定期召开联席会议，共商育人项目，共育新人。其中，《构建三原色育人体系，培育社会主义核心价值观》被评为“全国中小学社会主义核心价值观教育优秀案例”。

3. 以六维育人途径培育时代新人（2019 年 2 月—2021 年 3 月）

区教育局将“三原色”德育育人理念融入德育的六大途径，全面提升育人品质。以“整体驱动、片区联动、学校主动”为原则，在学科德育工作常态化的基础上，完善创设“一会二展多联盟”运作机制，创新实施“1+1+X”德育评价模式，展示优秀德育成果，形成固化经验推广，创设 57 个德育“第三空间”，两年接待中小学生 16000 余人次。开设“区级家长学院—校级家长学校—班级家长课堂”，建立“区校班”三级家委会工作章程，扎实推进家校共育。以社会主义核心价值观为统领，开展“钱江少年第二课堂主题巡游”“钱江少年红色印记寻访”“钱江少年书香循读”“钱江少年社团节”等品牌教育活动。2020 年在全省率先出台了《区域义务教育段深化新时代爱国主义教育实施意见》，编制了区域《新时代爱国主义教育》小学读本和初中读本，开展新时代爱国主义教育探索与实践，厚植家国情怀，落地培根铸魂。2020 年 11 月，区域获评全国未成年人思想道德建设工作先进单位。链接 2-1-2 是原江干区教育局分管局长发表在《基础教育参考》2019 年第 22 期关于“区域探索与均衡发展”的专题论述（扫描二维码即可查看）。

链接 2-1-2 “三原色”德育的区域探索

三、“行走德育”在融合中再出发

习近平总书记强调，“孩子们成长得更好，是我们最大的心愿”。党的十八大以来，以习近平同志为核心的党中央对落实立德树人根本任务提出了明确要求，对整体规划、统筹推进中小学德育工作做了全面部署。

“行走德育”以“行走”的方式在立德树人的路上凝练了“培根铸魂”的实践经验，实现了“知行合一”，一直致力于让社会主义核心价值观成为孩子成长的“芯片”。“三原色”德育坚持以培育和践行社会主义核心价值观为核心，落实区域“三原色”德育目标，进一步强化部门德育要求，有效形成家校政社一致的德育整体合力，为学生一生成长奠定坚实的思想基础和行动能力。“行走德育”与“三原色”德育相继获评教育部“全国中小学社会主义核心价值观教育优秀案例”。两区都曾荣获全国未成年人思想道德建设工作先进单位称号。

辉煌的过去赋予我们自信，充满挑战的未来进一步呼唤使命与担当。2021 年，杭州市行政区划调整，撤销杭州市上城区、江干区，设立新的杭州市上城区，行政区划调整带来区域融合发展新契机，站在新的历史起点上，在融合中创新，在创新中变革，在变革中发展，上城教育人应发挥“1+1 ＞ 2”的育人效应，形成内心的信仰，让社会主义核心价值观成为孩子成长的“芯片”。

“十四五”期间，上城教育人将坚守为党育人、为国育才的初心使命，积极探索新形势下将立德树人融入思想道德教育、文化知识教育、社会实践教育等各环节的新思路、新方法。推进思政课改革创新，深化德育品牌建设，全面落实立德树人根本任务，培养担当民族复兴大任的时代新人，遵循教育规律与学生成长规律，促进学生全面发展、终身发展。

“行走德育”以促进每一位学生全面发展为目标，聚焦价值引领、组织建设、队伍培养、品牌创新、活动锤炼、实践成长“六维”路径，赋予学生真切的价值体认，真实的价值澄清，实现正确的价值引领，持续、深入地探索包含目标、内容、方式的实施方案，机制探索，凝练成了一种区域范式，为社会主义核心价值观铸魂育人提供了保障，使之常态化，为高水平的育人体系构建打下了基础。上城区行走德育工作围绕“笃行养德、价值体认、全域协同”的理念，促使社会主义核心价值观铸魂育人目标的全学科渗透、全学段践行，完善爱国兴家、社会责任、成长立志三个维度铸魂课程的构建，推进四大主题行走的创新实施，建设复合型行走导师队伍的梯队，形成党政家校社协同育人机制，提升德育工作系统化、专业化、规范化、实效化水平。

上城进阶式“行走德育”将深化新时代思政理论课程改革创新，发挥全国首家思政教育研究院育人职能，统筹开展“四史”教育与爱国主义教育，充分利用“红色根脉”宝贵资源，设计发布上城红色育人地图，利用“淘活动”平台，开展上城学子“走读新上城”研学活动。为学生搭建各类学习成果展示平台，积极引导上城学子传承宋韵历史文化，在文化自信中培养时代新人，打造具有上城辨识度的德育品牌。配齐配足思政课教师，设立思政名师工作坊，启动区域“大思政”研究项目，发挥课程思政育人功能，构建全面覆盖、类型丰富、层次递进、相互支撑的大思政课程体系。

第二节
让社会主义核心价值观成为芯片

价值观是人们基于生存和发展的需要，对事物价值的根本看法，是关于如何区分好与坏、善与恶、符合意愿与违背意愿的总体观念，是关于应该做什么和不应该做什么的基本原则。人们形成的价值观往往是多样的，由价值的差异造成的冲突往往会带来价值失序的问题。面对不同价值观之间的冲突，社会需要倡导一种与经济基础、政治制度相适应的，并能促成社会成员广泛达成共识的价值观，这便是核心价值观。核心价值观能够为社会成员提供共同的思想道德基础，凝聚社会的意志和力量，引领社会发展的方向。一言以蔽之，核心价值观集中体现了特定社会的精神气质，构成了特定社会的精神支柱。

一、社会主义核心价值观的历史渊源与时代回音

我国社会主义核心价值观是在传承弘扬中华优秀传统文化，并在我国革命、建设、改革与新时代的伟大实践中形成与发展起来的，体现在党的一系列

路线、方针与政策之中。基于此，以毛泽东、邓小平、江泽民、胡锦涛、习近平等为主要代表的几代中央领导集体，站在时代发展的高度，立足于中国基本国情，对社会主义核心价值观进行了艰辛的探索，形成了一脉相承的科学体系，为培育和践行当代中国特色社会主义核心价值观提供了直接的理论来源。

毛泽东在党的七大上明确指出，“将中国建设成为一个独立、自由、民主、统一和富强的新国家”。独立、统一、平等与富强等基本价值理念，构成了毛泽东社会主义核心价值观的主要内容。以邓小平同志为核心的党的第二代中央领导集体也对社会主义核心价值观进行了探索，构成了中国特色社会主义理论体系的重要组成部分。社会主义价值本质论、人民价值主体论、改革开放动力论、实事求是精髓论、“三个有利于”价值标准论、“三步走”台阶式价值发展战略论、社会主义初级阶段历史方位论等多方面内容，蕴含于邓小平理论的科学体系之中。邓小平对社会主义核心价值观的艰辛探索，深化了我们对社会主义价值理念的认识。以江泽民同志为核心的党的第三代中央领导集体论述了“推进人的全面发展”，以“三个代表”重要思想的本质触及社会主义核心价值观问题，为培育和践行当代中国特色社会主义核心价值观提供了丰厚的滋养。以胡锦涛同志为核心的党的第四代中央领导集体继续领导人民进行积极探索、大胆创新，相继提出了科学发展观、建设社会主义新农村、构建社会主义和谐社会、建设和谐世界、树立社会主义荣辱观、加强社会主义核心价值体系建设等一系列重大战略思想，这些理论成果蕴含着极其丰富的社会主义价值理念。

2012 年 11 月，党的十八大报告明确提出“三个倡导”，即“倡导富强、民主、文明、和谐，倡导自由、平等、公正、法治，倡导爱国、敬业、诚信、友善，积极培育和践行社会主义核心价值观”，这是对社会主义核心价值观的最新概括。2013 年 12 月，中共中央办公厅印发的《关于培育和践行社会主义核心价值观的意见》明确提出，以“三个倡导”为基本内容的社会主义核心价值观，“与中国特色社会主义发展要求相契合，与中华优秀传统文化和人类文明优秀成果相承接，是我们党凝聚全党全社会价值共识作出的重要论断”。2017 年

10月18日，习近平总书记在党的十九大报告中指出，“要培育和践行社会主义核心价值观”“要以培养担当民族复兴大任的时代新人为着眼点，强化教育引导、实践养成、制度保障，发挥社会主义核心价值观对国民教育、精神文明创建、精神文化产品创作生产传播的引领作用，把社会主义核心价值观融入社会发展各方面，转化为人们的情感认同和行为习惯。坚持全民行动、干部带头，从家庭做起，从娃娃抓起。深入挖掘中华优秀传统文化蕴含的思想观念、人文精神、道德规范，结合时代要求继承创新，让中华文化展现出永久魅力和时代风采”。2018年3月11日，第十三届全国人民代表大会第一次会议通过《中华人民共和国宪法修正案》，将“国家提倡爱祖国、爱人民、爱劳动、爱科学、爱社会主义的公德”修改为“国家倡导社会主义核心价值观，提倡爱祖国、爱人民、爱劳动、爱科学、爱社会主义的公德”。

社会主义核心价值观是社会主义核心价值体系的内核，体现社会主义核心价值体系的根本性质和基本特征，反映社会主义核心价值体系的丰富内涵和实践要求，是社会主义核心价值体系的高度凝练和集中表达。培育和践行社会主义核心价值观，是推进中国特色社会主义伟大事业、实现中华民族伟大复兴中国梦的战略任务。面对世界范围思想文化交流交融交锋形势下价值观较量的新态势，面对改革开放和发展社会主义市场经济条件下思想意识多元多样多变的新特点，积极培育和践行社会主义核心价值观，对于巩固马克思主义在意识形态领域的指导地位、巩固全党全国人民团结奋斗的共同思想基础，对于促进人的全面发展、引领社会全面进步，对于积聚实现中华民族伟大复兴中国梦的强大正能量，具有重要现实意义和深远历史意义。

二、社会主义核心价值观教育的内容来源

社会主义核心价值观，把涉及国家、社会、公民的价值要求融为一体，既体现了社会主义本质要求，继承了中华优秀传统文化，也吸收了世界文明有益成果，体现了时代精神。社会主义核心价值观生于斯长于斯，相应的教育

内容主要包括中华优秀传统文化、中国近代先进文化及世界文化精华三大来源。

中华优秀传统文化，是培育和践行社会主义核心价值观的不竭源泉。中华文明绵延数千年，有其独特的价值体系。中华优秀传统文化已经成为中华民族的基因，根植在中国人内心深处，在潜移默化中影响着中国人的思想方式和行为方式。

进入近代，中国共产党团结全国各族人民开展艰苦的斗争，获得了新民主主义革命的胜利，建立了中华人民共和国，完成了社会主义革命，实现了人民解放。改革开放以来，中国在社会主义道路上实现了一个又一个伟大飞跃，发展成为世界第二大经济体，为世界瞩目。习近平总书记在联合国教科文组织总部的演讲中讲道："实现中华民族伟大复兴的中国梦，就是要实现国家富强、民族振兴、人民幸福，既深深体现了今天中国人的理想，也深深反映了中国人自古以来不懈追求进步的光荣传统。"中华民族抵御外侮和中国人民争取解放，铸造了可歌可泣的革命文化，代表了中国先进文化的前进方向，而璀璨夺目的革命文化和先进文化，是社会主义核心价值观教育内容的重要来源。

中华文明是在中国大地上产生的文明，也是同其他文明不断交流互鉴而形成的文明。交流促进了中华文化远播世界，也促进了各国文化和物产传入中国。世界各个民族在其历史进程中都创造了灿烂的文化，我们应了解世界不同的文明样态及内涵，了解这些文明与其他文明的差异所在及独特之处，了解生活于不同文明之中的人所拥有的不同世界观、人生观和价值观。对待这些不同的文明，我们欣赏其生产的精美物件，并应该去领略其中包含的人文精神，从不同文明中寻求智慧、汲取营养。习近平总书记在联合国教科文组织总部的演讲中讲道："我们要积极发展教育事业，通过普及教育，启迪心智，传承知识，陶冶情操，使人们在持续的格物致知中更好认识各种文明的价值，让教育为文明传承和创造服务。"

三、社会主义核心价值观教育的实践要求

立德树人是社会主义核心价值观教育的整体目标，社会主义核心价值观教育是立德树人的重要任务，二者的和谐统一关乎学生的全面发展和社会的全面进步。社会主义核心价值观教育应该符合青少年身心发展规律和价值观教育的特点，其实践的开展应当契合以下三方面的要求：

1. 社会主义核心价值观教育重在日常化、具体化、形象化和生活化

社会主义核心价值观作为一种高度抽象性、概括性的社会意识，其要真正发挥作用，必须融入实际、融入生活，让人们在实践中感知它、领悟它、接受它，达到潜移默化、润物无声的效果。可以说，社会主义核心价值观融入生活的程度，反映着学校教育工作的力度和深度，决定着教育的进展和成效。

2014 年习近平总书记在北京大学考察时强调，“核心价值观承载着一个民族、一个国家的精神追求”“核心价值观的养成绝非一日之功，要坚持由易到难、由近及远，努力把核心价值观的要求变成日常的行为准则，进而形成自觉奉行的信念理念”。毋庸置疑，社会主义核心价值观只有扎根于现实生活，与学生的日常生活紧密相连，转化为日常价值观，才会真正被青少年学生所认同、所接受，并逐渐转化为内在信念和自觉行动。同年在上海考察时，习近平总书记同样鲜明地指出：“要注意把社会主义核心价值观日常化、具体化、形象化、生活化，使每个人都能感知它、领悟它，内化为精神追求，外化为实际行动，做到明大德、守公德、严私德。”这些重要论述，不仅是对全社会和广大党员干部提出的实践要求，也为学校开展社会主义核心价值观教育指明了方向。

的确，社会主义核心价值观只有渗透到日常生活的方方面面，只有具备了具体的、可以感知的日常化形态，才能让人们在生活中感知它、领悟它。因此，学校要积极营造有利于弘扬主流价值观的生活情境和文化氛围，在社会主义核心价值观的日常化、具体化、形象化和生活化上下功夫。

2. 社会主义核心价值观教育重在引导青年学生勤学、修德、明辨和笃实

习近平总书记在北京大学考察时指出，“青年的价值取向决定了未来整个社会的价值取向，而青年又处在价值观形成和确立的时期，抓好这一时期的价值观养成十分重要。这就像穿衣服扣扣子一样，如果第一粒扣子扣错了，剩余的扣子都会扣错。人生的扣子从一开始就要扣好”。他进一步指出，“广大青年树立和培育社会主义核心价值观，要从勤学、修德、明辨和笃实上下功夫”。年轻一代价值观的形成，是一个知行统一的过程。知是前提，行是关键，知行合一是教育的追求。学校应积极引导学生在勤学、修德、明辨和笃实上着力，使他们真正从内心认同社会主义核心价值观并转化为自觉行动。

首先，勤学是树立和培育社会主义核心价值观的前提，这就要求学校营造积极向上的文化氛围，帮助学生形成好学、勤学、乐学的品质，既掌握知识、增长才干，又提高思想道德水平。

其次，修德是青年学生树立和培育社会主义核心价值观的基础，这就要求各学校紧紧围绕“富强、民主、文明、和谐”的价值目标，广泛开展理想信念教育，让学生把个人理想融入国家富强、民族振兴、人民幸福的伟大事业之中；学校要紧紧围绕“自由、平等、公正、法治”的价值取向，深入开展马克思主义自由观、平等观教育，认真进行法制教育、政策形势教育、民族团结进步教育，以培育青年学生良好的社会心态；学校应紧紧围绕“爱国、敬业、诚信、友善”的价值准则，深入开展爱国主义教育、爱岗敬业教育、诚信教育、尊长爱幼教育等，大力弘扬中华民族传统美德，引导学生讲道德、尊道德、守道德，使青年学生形成根基深厚的崇德向善的精神力量。

再次，明辨是青年学生树立和培育社会主义核心价值观的保障，这就要求各学校旗帜鲜明地弘扬真善美、贬斥假恶丑、树立正确导向、澄清模糊认识、匡正失范行为，形成激浊扬清、抑恶扬善的思想道德舆论场，引导学生自觉做良好道德风尚的建设者和社会文明进步的推动者。最后，笃实是青年学生树立和

培育社会主义核心价值观的关键，这就要求各学校注重发挥社会实践的养成作用，完善实践教育教学体系，开发实践课程和活动课程，加强实践育人基地建设，打造青年学生校外实践教育基地，积极引导青年学生把正确的道德认知、自觉的道德习惯、积极的道德实践紧密结合起来，自觉树立和践行社会主义核心价值观。

3. 社会主义核心价值观教育重在从少年儿童抓起

习近平总书记在北京市海淀区民族小学主持召开座谈会时的讲话中指出："一个民族的文明进步，一个国家的发展壮大，需要一代又一代人接力努力，需要很多力量来推动，核心价值观是其中最持久最深沉的力量。"任何一个思想观念，要在全社会树立起来并长期发挥作用，就要从少年儿童抓起。少年儿童是祖国的未来，是中华民族的希望。这就是《少年中国说》中所说的："少年智则国智，少年富则国富，少年强则国强，少年进步则国进步。"少年儿童的心灵是纯净的、敏感的，随时准备接受一切美好的东西。为了中华民族的今天和明天，学校要教育引导广大少年儿童树立远大志向、培育美好心灵，让他们更健康地成长。对少年儿童进行社会主义核心价值观教育，要考虑他们的年龄和心理特点，要从"记住要求、心有榜样、从小做起、接受帮助"几个方面做起。

首先，"记住要求"的实质是知识学习，就是要把社会主义核心价值观的基本内容熟记熟背，让它们融化在心灵里、铭刻在脑子中。由于少年儿童的社会阅历不多，还不能深入理解社会主义核心价值观的含义，但只要牢记在心，随着年龄、知识、阅历的不断增长，会明白得更多、更深、更透。在成长过程中，少年儿童要结合学习和生活等实践，不断思考、深入理解社会主义核心价值观的内涵。

其次，"心有榜样"强调的是模仿学习，就是要学习英雄人物、先进人物、美好事物，在模仿中养成好的思想品德追求。因此，各个学校在教育中要注重把榜样人物的故事转化成丰富的教育资源，帮助少年儿童通过对榜样的模仿学习，形成美好的思想品德。

再次，“从小做起”的实质就是“做中学”，就是要让少年儿童从自己做起、从身边做起、从小事做起，一点一滴积累，在行动中养成好思想、好品德。教育者的职责在于引导少年儿童通过生活小事养小德成大德，在日常生活中日积月累，逐步形成好思想、好品德，最终体验、认同并践行社会主义核心价值观。

最后，“接受帮助”强调的是少年儿童要学会自我反思，听得进意见，受得了批评，知错就改，在越改越好的氛围中健康成长。一个人不可能十全十美，人总是在克服缺点、纠正错误的过程中进步的。少年儿童的世界观、人生观、价值观正处于形成的过程中，需要得到父母、教师和同学的帮助，同时要养成严格要求自己、虚心接受批评帮助的习惯。

总之，对少年儿童进行社会主义核心价值观教育至关重要，正如习近平总书记在北京市海淀区民族小学主持召开座谈会时说的那样：要“根据少年儿童特点和成长规律，循循善诱，春风化雨，努力做到每一堂课不仅传播知识、而且传授美德，每一次活动不仅健康身心、而且陶冶性情，让同学们都得到倾心关爱和真诚帮助，让社会主义核心价值观的种子在学生们心中生根发芽”。

参考文献

[1] 杨耕．价值、价值观与核心价值观［J］．北京师范大学学报（社会科学版），2015（01）：16–22.

[2] 毛泽东选集：第三卷［M］．北京：人民出版社，1991.

[3] 孙杰．当代中国社会主义核心价值观研究［D］．北京：中共中央党校，2014.

[4] 曾文婕，黄甫全．核心价值观教育：定位、内容与路径［J］．湖南师范大学教育科学学报，2020，19（02）：50–56.

[5] 习近平．在联合国教科文组织总部的演讲［N］．人民日报，2014–03–28（003）.

[6] 靳玉军．论社会主义核心价值观教育的实践要求［J］．教育研究，2014，35（11）：4–7+15.

[7] 刘奇葆．在全社会大力培育和践行社会主义核心价值观［N］．人民日报，2014–03–05（006）.

[8] 习近平．青年要自觉践行社会主义核心价值观　与祖国和人民同行努力创造

精彩人生［N］. 人民日报，2014-05-05（001）.

［9］黄敬文，兰红光. 当好全国改革开放排头兵　不断提高城市核心竞争力［N］. 人民日报，2014-05-25（001）.

［10］习近平. 从小积极培育和践行社会主义核心价值观——在北京市海淀区民族小学主持召开座谈会时的讲话［N］. 人民日报，2014-05-31（002）.

第三章
价值铸魂：行走德育的整体建构

立德树人的落实，需要找到一个切入口，找到有实效、可复制的实现方式。这个命题宏大而精深，探索这个命题需要创造和实践。“行走德育”，用行走的方式改变德育的固有方式，把社会主义核心价值观的深远意义转化为可体验、可践行、可评价的目标体系，把基地、课程转化为实施主题行走的网图，把党、政、家、校、社的育人资源转化为全时空德育场。本章从行走德育的理论主张、目标框架、内容设计、机制保障等方面，概述了行走德育的整体建构。

第一节
用“行走”的方式改变德育

⊙

36岁时，钱学森已经是美国麻省理工学院最年轻的终身教授。然而，他一刻也没有忘记自己的祖国。中华人民共和国成立的消息传来，他立即决定回国。这引起了美国有关方面的恐慌。美国海军部次长说，钱学森值5个海军陆战师，我宁可把他枪毙了，也不能放他回中国去！他们取消了钱学森的研究资格，禁止他离境，还以“企图运输秘密科学文件”的罪名逮捕关押他。此后，长达5年多的时间里，钱学森失去了自由，所有的信件受到检查，电话被监听。但他没有低头，始终坚持要回到祖国去。终于，他回到祖国的怀抱，为中国导弹、航空科学的发展立下汗马功劳。

在历史长河中，爱国故事灿若繁星，数不胜数，又何其相似。华夏子孙对祖国和民族怀有的深切依恋，风雨不改，亘古不变。从古至今，一代又一代中华儿女前赴后继，义无反顾，用行动表达对祖国的忠诚和热爱，用始终不变的信念，造就了中华民族悠久的历史。当今世界正经历百年未有之大变局，正处于实现中华民族伟大复兴关键时期。生活在新时代的青少年，可能不再需要面对枪林弹雨、流血牺牲，但他们是生逢其时、重任在肩的一代，帮助他们树立正确的人生观、价值观，坚定家国情怀、理想信念，对国家、民族的生存和发展至关重要。

一、价值观教育的现实难题

培育和践行社会主义核心价值观，是立德树人的核心任务，是党中央的要求、国家的意志、时代的召唤。作为教育者，要如何担当起这一时代命题，铸就新一代社会主义建设者的理想信念？单纯靠讲授为主的德育，肯定是不够的。摆在教师们面前的主要有以下几个难题：

1. 目标泛化，难以落细落实

社会主义核心价值观是面向全社会全体公民的凝练表达，是面向成人的抽象意义的表述，需要将其转化成学生能理解、能遵循、能自觉做到的明确要求，才有可能真正落实。同时，不同年龄段的中小学生，生活经验、认知水平和实践能力都不同，如果目标模糊、泛化、一刀切，仍然会远离学生，导致学生知行分离。

2. 践行不足，难以入脑入心

2015 年进行的网络随机调查中，超过半数的学生反映，接触社会主义核心价值观以宣传标语为主，学习社会主义核心价值观以背默关键词为主，很少有真实情境下的价值体验，极少有价值观践行的经历。学校和教师最常采用的培育方式基本是以下几种：“应景式”培育，追求形式上的轰轰烈烈，满足于表面化做法，误以“有张贴、有活动”为标准；忽视“知”“信”“行”统一的德育规律，满足于目标背默率的达成，误以“灌输 + 检测”为过程；“一刀切”培育，则无视校情、教情、学情的差异，满足于提要求，提高的要求，提统一的高的要求，却离学生越来越远，无法满足学生个体心理和道德的成长需要，不能充分调动学生践行社会主义核心价值观的主动性，影响了教育的实效性。

3. 缺少合力，难以共创共育

2015 年进行的网络随机调查中，有超过 71% 的班主任表示，学生接受社会主义核心价值观教育基本在学校，但不正确的社会舆论、不科学的家庭教育，都会给学生带来负面影响。纵向来看，没有社会各方面配合，学生缺少践行的时空和助力，是影响社会主义核心价值观育人实效的主要原因。横向来看，社会主义核心价值观培育与学科学习的有机整合，与生活实践有效整合没有得到足够重视。过度关注考试分数、割裂德育与智育关系等陈旧的育人观，也是不可忽视的影响因素。

抓住中小学生“拔节孕穗”的成长关键期，以社会主义核心价值观铸魂育人的意义重大。但是，这项系统工程如果只依靠几所学校、几位教师的努力，是远远不够的。要破解以上问题，需要区域的统筹规划和整体创新。

基于现实分析的理性思考，上城教育以“行走德育”来回应立德树人的时代命题。希望建立区域德育实施的创新范式，优化德育实施方式，促成学生正确道德观念与核心价值观的形成，引导学生形成良好的行为习惯；借助行走德育的实践探索，拓展区域德育资源的建设范畴，促成顶层设计、基地路线、课程资源和线上平台的互联融通，建成一支复合型的育人队伍；运行区域德育协同创新机制，促成区域德育场域的优化，提升“立德树人”实效，形成区域德育品牌。

二、在实践中理解“行走德育”

行走德育是立德树人的区域育人模式，把价值铸魂作为贯穿始终的总命题，在目标体系的引导下，运行合力机制，探索“行中学”范式，优化“道德与法治”和其他课程的实施方式，开展寻根、承志、追梦、扬帆四旅，贯通基地、课程、路线，形成网图，锤炼学生的爱国情、强国志、报国行。

“行走”意指亲身经历、亲身验证和亲身践行，可以是研学旅行，可以是议题讨论，可以是国情体察，也可以是劳动服务，其关键是引导学生经历行中学—行中悟—行中信的成长过程，在亲身经历中感悟和认同社会主义核心价值观，使其成为自觉追求，从而做到身体力行，知行合一。因此，行走德育的核心理念可以概括为两个关键词，即“价值铸魂”“实践育人”。

基于这样的理念，行走德育强调，把社会主义核心价值观贯穿学科学习和活动实践的全过程。为此，上城的教师们在日常教学、组织管理、主题研讨、课题研究和教学评比中，不断进行探索和实践。

人教版《语文》六年级上册的第二个单元，主题是“重温革命岁月，把历史的声音留在心里”。对应行走德育的目标体系，要通过形式丰富的体验和交流，让孩子们找到心目中的英雄榜样，对“爱国”有更深刻的理解，并在日常生活中有所行动。具体要怎么做呢？下面是一位语文老师的教学反思，记述了她和学生共同经历的一次课堂外的“行走”（见案例 3-1-1）。

案例 3-1-1　定格英雄形象　继承“爱国”精神

学完这个单元，我和同学们商定了一个作业：每组同学自主选择和“革命岁月”相关的片段，准备一分钟的场景表演。大家约定，趁着明天去研学浙江省革命历史纪念馆的时候逐一展示，比个高下。

和往常一样，各小组兴致勃勃地开始准备。第二组的五个男孩很快选定《狼牙山五壮士》并分配好了角色，开始讨论表演哪个片段。演马宝玉的小马同学和演宋学义的小张同学一致认为五位壮士“痛击敌人”那一幕最有气势；演胡德林的小林同学认为“选择绝路走上棋盘山”的那一段最有表现力；演胡福才的小王同学提出“扔最后一颗手榴弹”的片段最英勇。演葛振林的小睿则一口咬定：“要演就一定是‘英勇跳崖’。你们想一想，五个人，个个都那么坚定，个个都不怕死，多了不起！”沉默了一会儿，五个人都举手同意。

第二天就是研学的日子，大家在革命烈士纪念碑前举行了纪念仪式，参观了革命烈士纪念馆。休息时间，同学们不再关心零食，急着要开始表演。围坐在草地上，八个小组依次展示，有的还原“红军不怕远征难”的片段和开国大典上的阅兵式，有的表演“红船夜话”和“狱中联欢”的场景，还有的扮演赵一曼写家书、王二小放牛，连围观的游客都为他们鼓掌。第二组同学表演《狼牙山五壮士》的时候，同学们看得格外认真，但演完后也有同学提出：“马宝玉跳崖前整军衣的动作可以省略。”小马同学却十分坚持：“马宝玉是班长，又是党员。他带头选了棋盘陀，带头跳崖。我这么演就是觉得，他不慌、不犹豫，还要给战友做表率。这些革命烈士爱国，爱在行动上。”这一次，我带头给他们鼓掌。

回学校要走四五公里，全班没有一个叫苦，队伍也特别齐。以前，我觉得社会主义核心价值观的教育，应该先让学生了解、理解。有了认知的基础，才能践行。今天，学生们的辨析和表达、表演时的表情，还有他们走回学校一路上的表现，让我体会到行走德育提倡的实践育人，是要融知于行，以行促知，这就是笃行养德的意义吧。

（蒋敏　杭州市上城区教育学院）

蒋老师写出了众多实践者的感受，也写出了她对“行走德育”的理解：要以“行走”的方式改变德育现状，引导学生在生活中理解、践行社会主义核心价值观，并形成信念。

分析上述案例，还可以看到行走德育不同于一般德育的四个特征：

一是情境性。构建全德育场，让学生在真情境、真生活中获得价值体验，实现知、情、意、行的多重转化。

二是主题性。将核心价值贯穿全过程，每次实践或学习都围绕核心价值和与之相关的问题、主题来设计。

三是活动性。以操作、观察、表演等形式，以议题讨论、主题探究、情景实践、成果分享等方式，丰富学生行走体验和价值经历。

四是建构性。强调学生不是被动的接受者，而是行走着的参与者、学习者、反思者、建构者。

三、“行走德育”的行动纲领

“让社会主义核心价值观成为学生成长的‘芯片’”是行走德育的价值追求。“芯片”意指言行准则和坚定信念。“行走德育”要让社会主义核心价值观在学生成长的重要阶段发挥关键作用。

社会主义核心价值观是当代中国精神的集中体现，是学校德育的核心内容。中小学生正处于价值观形成的关键时期。区域推进行走德育，旨在实现三个育人转变：目标从价值理解走向价值引领，方式从接受为主转向体验实践为主，环境从封闭走向开放。让价值观在学生成长的重要阶段发挥关键作用，使其“内化为精神追求，外化为自觉行动”。

一项系统工程要落地，关键是行动。所有的研究，其价值都是在行动中产生的，思考得再多，如果没有行动，都是没有任何意义的。对于学校和教师来说，方向明确后，还需要一套准则，指导他们把想到的变成行动。在实践探索中，行走德育发展了具有区域特征的行动纲领。

1. 笃行养德，引导学生在行走中丰富价值体验、行动体悟，并将其积淀为准则和信念，成长为自主践行者

2016 年 1 月，即 G20 峰会前 8 个月，杭州市崇文实验学校有一群孩子发起了“扮靓阳台，喜迎峰会”的行动。虽然只是二年级学生，但他们不仅买来鲜花布置成自己设计的造型，还用环保材料制作了充满中国元素的“中国龙”装点阳台。他们说：“这些花是我们对外国友人的欢迎。”

这个活动创意源自崇文实验学校五（3）中队的少先队员向全市小伙伴们发出的倡议。具体倡议如下：第一，不燃放烟花爆竹。春节临近，虽然燃放烟花爆竹会增加节日的气氛，同时也是我们孩子们的最爱，但是，肯定会污染空气。

因此，我们倡议全市少先队员坚决执行市政府“禁放烟花爆竹”的决定，不燃放烟花爆竹，同时，劝阻爸爸妈妈燃放烟花爆竹。第二，倡导绿色低碳出行。家离学校近的同学最好能步行上、下学；家离地铁口、公交车站近的同学，尽量乘坐地铁、公交车上、下学，虽然，这比不上爸爸妈妈开车接送舒服，但是，这也是少先队员为G20应当贡献的一份力量！第三，扮靓自家的阳台。用我们的双手，栽一盆花，种一盆草，装扮我们的阳台，用我们的双手，栽下幸福的种子，让阳台绿草如茵，鲜花盆盆盛开。既净化空气，又给杭州增添了一抹美景。第四，严格遵守交通规则。特别是红灯停，绿灯行；过马路走人行横道，并快步通过；乘坐父母的自驾车，一定提醒并监督大人开文明车、做文明事。

这封《喜迎G20，做好小主人》的倡议书，得到了时任浙江省委常委、杭州市委书记赵一德的大力支持。赵一德批示：“首先，要给小朋友们点个赞！你们的‘四点倡议’很好，我们的‘小主人’真棒！办好G20峰会，人人都是东道主，都要当好东道主。希望全市小朋友们积极响应‘四点倡议’，全市‘大朋友们’也都行动起来，从我做起、从能做的事做起，小手牵小手、小手拉大手，共同把我们的家园建设得更加美丽，让杭州的‘最美精神’释放出更强正能量，呈现给世界一份独特韵味、别样精彩。”

不仅是峰会，上城的孩子在社会实践中常常做出让大人们自叹不如的举动：天长小学的学生坚持利用假期慰问各行各业劳动者，为他们送上红苹果，用笑容传诵“敬业”“诚信”的故事。难能可贵的是，这一活动至今已经坚持了30多年。娃哈哈小学的学生亲手把写着“请善待共享单车”的卡片一一绑在西湖大道附近的共享单车上，用行动体悟“文明”“友善”的价值。金都天长小学的学生组织家人、同学为山区的孩子们捐衣、捐书，捐赠书包、文具，用爱心传播“平等”“和谐”的内涵。还有更多的学生坚持去杭州图书馆义务整理书籍，到公共场所捡烟蒂等垃圾，用付出践行“爱国”“友善”的意义……

2. 价值体认，让学生完整经历“价值体验—价值澄清—价值内化—价值引领”的发展循环，使核心价值在行走中内化于心、升华于情、外化于行

2018 年春天，81 岁的陈奶奶给杭州第十中学校长陈积粮写了一封信，讲述了自己的一段偶遇经历。那天，陈奶奶想去报销医药费，要先去杭州医保大厦开个证明。她听说得坐 68 路公交车到文晖大桥站下车，但不清楚下了车怎么走。陈奶奶的左下肢膝关节前不久刚做完手术，走路很艰难。她拄着拐杖在车上问了司机和乘客，大家都说不知道。眼看文晖大桥站要到了，老人家有点着急。这一切都被一位少年看在眼里。当陈奶奶下车后，他也跟着下了车：“奶奶，我陪你去找吧。”“你家也在这附近吗？”陈奶奶好奇地问。少年说自己家离这里还有两站路，先陪奶奶要紧。

少年一边扶着陈奶奶，一边向路人打听，走了 15 分钟，终于找到了医保大厦。少年还帮着奶奶办手续、盖公章。医保大厦的工作人员感动了：“这孩子是不是您孙子啊？”陈奶奶笑着说：“我跟他无亲无故，公交车上遇到的。他是个好孩子。”事情办完，少年又把陈奶奶送到车站。老人家忍不住问：“孩子你叫什么名字，在哪读书？”再三追问下，少年才告诉陈奶奶，他是杭州第十中学初三的学生徐泽强。

陈奶奶感慨地告诉陈校长：“我们这一辈的人看到现在的孩子都这么好，是多么欣慰。”事实上，徐泽强没和任何老师、同学提起过这件事，他说：“这只是一件普通小事，换做十中其他同学也会这么做的。学校一直倡导学生参与公益，去年我还加入了青年志愿者协会，已经累计参与公益行动 40 多小时。”

在上城，和徐泽强一样的学生还有很多。他们不仅有“向美而生”的追求，更有“向善而行”的坚持，他们能发现闪光于生活细节中的社会主义核心价值观并付诸行动。

3. 全域协同，联动企事业单位和行政部门，发掘社会德育资源，建立全德育场

上城区中小学周边教育资源众多。“行走德育”通过“基地创建”和“路线开发”，打通课堂、学校、家庭和社会场馆、机关企业之间的隔断。这种精心设计使得区域内的各类教育资源成为“行走德育”的有效情境和载体。区内各中小学校、市内传统场馆以及政府部门如上城区人民法院等，企事业单位如富阳造纸厂、杭州海事局等，社会公益场所如尚青书院、新起点福利院等，研学旅行服务机构如浙江中旅集团下设的知行天下研学服务中心等，都积极加入，以广阔的资源、多样的互动方式为中小学生行走天下提供便利。

每个学期，上城区四套班子领导都会走进校园。他们每个人都与 1—2 所中小学或幼儿园结对，定期走访，深入指导学校开展师生思想政治教育和道德品质教育，在学校开展专题座谈、面向师生开展政策宣讲。同时，上城区还联合公安、卫计、法院、团委、司法等部门，通过“心理援助、家庭帮扶、行为改进、能力拓展”等方式为有特殊教育需要的学生提供个性化帮扶。

每年的全民国防教育日，杭州师范大学第一附属小学都会把新四军老兵和现役军人请进校园作为“红色研学校外辅导员”，他们演唱的红色歌曲，亲身讲述的革命故事，让学生们体会到“富强”的来之不易。上城区各个学校都会结合自己的特点和资源来组织这样的活动。这样的课程，让学生们发现了中国革命的红色精神藏在中国英雄的大智大勇大义和大爱里；这样的德育，一步步引导学生把“理想”“信念”和“人生规划”与祖国的未来联系在一起。

2022 年，杭州市丁兰第三小学与杭州博物馆和筹建中的杭州博物院举行了共建仪式。杭州博物馆成为学校小志愿者基地，学校成为博物馆青少年文物守护人培养基地。从此，由杭州市丁兰第三小学学生组成的“杭小兰”们开始了行走实践。他们走进杭州博物馆，进一步了解杭州的文化底蕴；也会化身小小讲解员，带领参观者找寻杭州博物馆的镇馆之宝，从春秋战国时期讲到民国

时期，从朝代变迁讲到文物演变。他们还参与策划了名为“发餍的宋朝”的青少年教育体验展，穿上宋服，手捧佳肴，用美食情景剧，向观众们展示定胜糕的来历和故事（链接 3-1-1，扫描二维码即可观看）。从参观到参展，学生们在文化接力的实践中体悟“富强”，传播“文明”，倾听历史的声音，传承家乡的文化。

链接 3-1-1
宋朝美食小剧场·定胜糕

从“说教德育”演进为“行走德育”，行走德育充分发挥了区域的统筹优势，推动了整个区域的德育变革，创构了立体辐射、立意深远的德育体系，重构了德育宏大的时空结构。行走德育的研究概括提炼了以“价值铸魂”为核心的概念群，活化了已有的德育理论、纲要及相关文件，体现了马克思主义实践观与中国知行合一思想的融通，是马克思主义育人思想中国化的生动实践。以“铸魂”为目的，践行“价值铸魂”的理念与原则，使实践育人的理论更具体、更落地，具有深刻性和思想性；一整套合力机制，促成各环节各部门有效合作，是实践育人、协同育人的创新模式，体现了新时代育人的典型性与示范引领性；借助多个平台，开发、统整场馆等资源，将其转化为网图等育人载体，具有时代性和原创性。

第二节
让铸魂育人成为行动指南

⊙

“老师，小亮做眼保健操的时候，睁开眼睛啦！”“那你闭上眼睛了吗？”“我是为了看大家有没有不守纪律，才睁开眼睛的。”

是不是觉得挺好笑？作为教师，笑完了，你要怎么做呢？

“辅导员，这次义卖得到的钱，如果按照大队部要求的比例交爱心基金，太可惜了。我们多留一点做班会费吧？”

看上去这位学生的出发点也是为班集体谋福利。面对学生这样的想法，如果你是班主任，要怎样引导呢？

为什么部分中小学生在校和在家的表现不一样？

为什么他们在作书面问答和面对实际问题时，会做出不同的选择？

为什么每个学生都知道要爱国，却很少能明确规划在自己不同的人生阶段如何去爱国并付诸实施？

谈到社会主义核心价值观培育的现状，诸如此类的棘手问题并不少。一连串问题的背后，和当下社会主义核心价值观培育目标的不完善，有着密切的关系：

一方面是社会主义核心价值观培育目标的“一刀切”问题。不同年龄的学生，认知水平不同，生活经历不同，对社会主义核心价值观的理解程度和践行要求也应该各有侧重，相互衔接。另一方面是社会主义核心价值观培育目标的“表层化”问题。把落实社会主义核心价值观教育的标准简单确定为会背、会默，或者把理解社会主义核心价值观关键词的意义视为最终目标，只要求能书面回答相关问题，却忽略了实践的要求，就会导致学生的知行割裂、知易行难。

一、建一个铸魂育人的导航系统

2014 年 5 月 30 日，习近平总书记在北京市海淀区民族小学主持召开座谈会时谈到：“一个民族的文明进步，一个国家的发展壮大，需要一代又一代人接力努力，需要很多力量来推动，核心价值观是其中最持久最深沉的力量。”青少年的价值取向决定了未来整个社会的价值取向。而中小学生又正处于思想观念形成的关键时期。因此，抓好这一时期的价值观养成就显得尤为重要。各地各校都在社会主义核心价值观培育方面投入了许多时间和精力。但是，价值观的养成绝非一日之功。要落实习近平总书记重要指示要求的“努力把核心价值观的要求变成日常的行为准则，进而形成自觉奉行的信念理念”，学生和教师都需要一个导航系统，既有明确的育人导向，又有清晰的行为标准。

明确的育人导向，是指行走德育的目标设计不能止步于 24 字关键词的意义解读。社会主义核心价值体系是社会主义中国的精神旗帜。社会主义核心价值观是社会主义核心价值体系的内核。“富强、民主、文明、和谐”，是我国社会主义现代化建设的目标，“自由、平等、公正、法治”，是对美好社会的生动表述，“爱国、敬业、诚信、友善”，是公民基本道德规范。行走德育，要把社会主义核心价值观和中华民族共同体意识，中华优秀传统文化、革命文化、社会主义先进文化以及中华民族自尊心、爱国情感、集体意识、文化自信等方面的内容融合成具体的期望，传递给教师和学生。

清晰的行为标准，是指行走德育的目标，不仅要关注对社会主义核心价值观的理解和认知，还要针对不同年段的学生，提出相应的实践方式和明确的行为表现。社会主义核心价值观是面向全社会和全体公民的高度凝练和集中表达。行走德育的行动主体是从六七岁到十四五岁的中小学生。因此，目标的表达，要针对他们的认知水平和实践能力，把社会主义核心价值观的抽象意义转化为学生可以触摸、可以感受的认知，转变成学生可以做到、可以评估的具体表现。

基于以上认识，行走德育的目标可从系统化的视角进行建构（见图 3-2-1）。

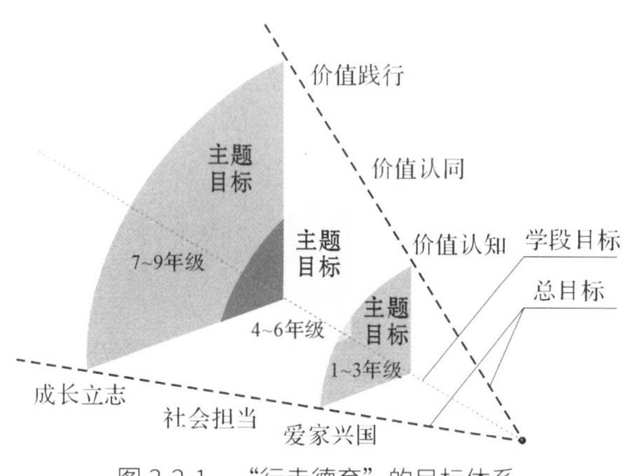

图 3-2-1 “行走德育”的目标体系

纵向来看，总目标的提出，从“爱家兴国”“社会担当”“成长立志”三个层面，推动学生对社会主义核心价值观的认知、认同和认真践行。横向则分别从“1—3 年级”“4—6 年级”“7—9 年级”提出具体的学段目标。纵横交织，形成框架，可以演化出每一次行走的主题目标，形成以价值铸魂育人为核心的导航体系。

二、建一个多层分项的实践体系

行走德育的总目标从“爱家兴国”“社会担当”“成长立志”三个层面设计，强调了“知行并重，更重于行”的导向，倡导以“践行”为载体，推动学生把社会主义核心价值观的理解转化为认同，外化为行动。

爱家兴国：积极参加团队活动，学习、宣传党史国情。在调查、分析等行动中了解并认同社会主义先进文化。有传承中华优秀传统文化、弘扬革命主义精神的使命感。在日常生活中有珍视民族荣誉、国家荣誉的实际行动。

社会担当：遵守校纪校规、法律法规、社会公德和公共秩序。在宣传、服务的过程中发现家乡发展和祖国成就，并为之自豪。遇到问题以自强、自信为荣，遇到矛盾以集体为重。

成长立志：积极参加劳动实践，主动锤炼优良品德。在探究、创造等行动中寻访英雄模范和先进典型人物，逐步形成科学精神，主动践行文明风尚。能把个人理想和祖国复兴联系起来。

在总目标的基础上，行走德育挖掘 24 字关键词的意义内涵，有机整合社会主义核心价值观教育和理想信念、中华优秀传统文化、生态文明、心理健康教育的内容，针对不同学段学生的特点，对总目标提出的育人导向进行细化和具化，提出了相互衔接的学段目标（见表 3-2-1）。

表 3-2-1　“行走德育”的学段目标

目标层面	1—3 年级	4—6 年级	7—9 年级
爱家兴国	知道“爱国”“爱家乡”“爱中国共产党”“爱中国人民解放军”要和日常行为联系起来。寻访红色革命英雄，做到不忘国耻。在参观、观察、表演等行动中了解祖国、家乡是怎样从贫弱走向富强的，能有创意地传播中华非遗文化	每年参加祭扫先烈的活动，和同学合作宣讲爱国英雄的故事。学习中国革命历史，知道实干兴邦、锐意改革、团结一心、自强不息也是爱国的表现。在检索、访谈等行动中感悟党和人民为祖国富强付出的努力。发现中华民族的劳动智慧	关心时政国情，宣讲建党历史和建国故事，崇尚大公无私、勤政为民的行为。日常生活中有正气，自觉做到不损害国家、集体利益。在探寻中华民族文明历程的基础上，能为中华传统文化的传播出谋划策，主动学习“孝善礼让”等传统美德

续表

目标层面	1—3 年级	4—6 年级	7—9 年级
社会担当	积极参加少先队组织，能承担力所能及的任务并认真完成。能宣讲公私分明的廉政故事，在观影、调查、服务活动中知道公平、正义与每个人都有关系，感悟教育公平、男女平等、民族团结的来之不易。做到遵守校纪、社会公德，尊重身边的人。与人交往时能做到知错能认、知错能改	能以优秀少先队员的标准要求自己。在军训、农事等劳动中体会成就感。关注生活中的民生热点。在讨论和践行中准确辨析公正交易与生财有道的关系。基本理解和自己相关的民法典内容。发现并宣传身边人的敬业故事。能为邻里和睦出力，能为集体发声。关心自然万物，关爱植物与动物。有垃圾分类的实践经验	积极参加团队活动，有加入团组织的强烈意愿。坚持参加社会公益服务，遵守社会公共秩序。有责任感。消费时以环保、低碳为标准。愿意为班集体出谋划策。面对选择，能充分考虑道德与规则、安全与尊重。遇到问题有担当，能寻求正当途径的帮助。遇到选择能以集体大局为重，能对不正确行为明确表态
成长立志	坚持每天劳动。在家在校都能按时完成学习任务。日常生活中说到做到，礼貌待人。能总结自己在环保、节俭方面的好点子。认识到自由不是自我放任，体会自律带来的成就感。知道和自己相关的民法典内容。能听取批评，也能表扬别人，能用行动关心、关爱身边的人。找到保持好心情的办法	面对选择不贪心，有正气，能体会社会主义制度的优越性，愿意为再创富民强国伟业付出自己的努力。理解真正的自由不是为所欲为，能对自身的行为负责，对自己的成长有规划。学习中不怕难，不放弃。做事守时、诚实。对人对己要求一致。合作时会沟通，肯付出。心情不好的时候能听从劝告，控制冲动	有志向，能坚持，为了理想能吃苦，不懈怠。愿意为祖国富强付出自己的努力。能积极宣讲革命前辈坚守信仰、不畏艰险的故事和精神，把忠诚守信的人物作为自己的榜样。日常生活做到言行一致。有错能认也能改。有依法办事的体验。乐于帮助有困难的人。能用注意力转移等方法疏解自己的负面情绪

行走德育学段目标的制订，体现了三个维度的衔接与整合。

一是把社会主义核心价值观的培育和理想信念、中华优秀传统文化、生态文明、心理健康教育的内容整合在一起。以“培养学生良好的心理素质”为例，对 1—3 年级学生提出的要求是：找到保持好心情的办法。对 4—6 年级学生提出的要求是：心情不好的时候能听从劝告，控制冲动。针对 7—9 年级学生提出的要求是：能有方法地疏解自己的负面情绪。

二是把价值观践行和价值观认知、认同的整个过程融合在一起。根据不同年段学生的能力水平，提出了观察、体验、调查、操作、欣赏等“行走”方式，丰富学生价值体认的经历，引导学生展开价值践行的过程。

三是紧密联系学生的生活。例如，对 1—3 年级学生提出“在家在校都能按时完成学习任务”的要求；希望 4—6 年级学生做到“能为邻里和睦出力，能为集体发声”；指导 7—9 年级学生做到“消费时以环保、低碳为标准”；等等。通过这样的引导，把学生的生活世界变成践行社会主义核心价值观的真实情境，引导学生把社会主义核心价值观的内化于心、外化于行与自己的日常生活联系、对应。

三、建一个主题导向的样例体系

总目标和学段目标搭建了完整而清晰的指导框架，但这还不够。因为每次行走的地点不同，配置的资源不同，对应的主题不同，参与的学生不同，他们的兴趣和能力不同，目标也应该是不同的。落实到具体行走，仍需对应主题要求，结合实际情景，提出具体要求。这就是设计主题目标的意义所在。对一线教师来说，要独立设计这样的目标，需要相应的策略支持。案例 3-2-1 是朱萍萍老师带领杭州市胜利山南小学四年级学生开展行走活动的目标设计。

案例 3-2-1 “遇见南宋”的实践目标

“寻根之旅”行走主题下的“遇见南宋”，引领四年级学生探访凤山水城门、太庙遗址和南宋御街，以及南宋御街遗址陈列馆几处古迹。具体目标如下：

1. 通过观察、采访、测量等方式了解古迹特点，用导图、演讲等方式解说中华民族的科技文明历程，从中了解民族文化，并增强文化自信。

2. 合作完成一项挑战：或还原某处遗址曾经的故事；或寻找历史文明的国宝级文物；或学习一种古法技能，如点茶、扎染、画扇等，能完成一件作品。

3. 提出并实施一个文化传承金点子，并有所行动。

（朱萍萍　杭州市胜利山南小学）

分析上述案例，可以找到设计主题目标的四个策略。

策略一：丰富价值经历。三条目标都隐含“文明”“爱国”的理解要求和行动建议，但不以听讲、观看等单向输入作为唯一途径。三个目标串联起“探究”“解析”“想象”“操作”和“建议”等一系列实践挑战，构成了一个完整的行走任务，引导学生展开体悟过程，以多重体验丰富他们对社会主义核心价值观的理解和认同。“丰富价值经历”是行走德育实践目标最为核心的设计策略。

策略二：凸显情景转化。这是设计主题目标最具特点的策略。换句话说，目标的设计与行走地点的德育资源密不可分。只有在特定地方，只有孩子们真正展开实践，才有可能实现特定的目标。通过观察、采访、测量等方式了解凤山水城门、太庙遗址和南宋御街，以及南宋御街遗址陈列馆几处古迹的特点，避免了纸上谈兵。在考察现场还原某处遗址曾经的故事，丰富了情感的表达。在展厅参观的同时寻找历史文明的国宝级文物，延展了体悟的深度……当主题目标与行走地点、探究任务相互匹配，相互成就，才能让所见所闻、所思所想变成理想和信念。

策略三：生发独特感悟。即鼓励并支持学生的多样选择。上述目标符合这个年级学生学习的特点，还能看到实践方式的可选择性。在行走过程中，学生可以根据自己的情况选择观察、采访，或者测量、制作等方式，在走访御街的过程中了解身边的非物质文化遗产项目，体会非遗与家乡发展的关系，体悟其中蕴含的民族智慧。同时，他们还可以自主选择探究方法，用自己的方式解说中华民族的科技文明历程，并提出自己认为可行的文化传承金点子。如此，引导每个学生学有所得，行有所悟。

策略四：促成实践成果。分析以上目标，可以发现另一个特点——引导学生提前预设自己的实践成果。鼓励合格年级的学生结合自己的爱好、特长，在行走中学习一种传统文化的古法技能，可以是点茶、扎染，也可以是书法、画扇等，至于能完成一件作品和提出并实施一个文化传承金点子，也给学生提供了广阔的展示空间。

主题目标的设计策略，是在案例研制和经验推广的过程中提炼、验证和完善的。同时又以主题研讨、教学评比的方式，向一线教师推荐、辐射。因此，策略的凝练和应用，也是上城教师的一次“行走”。

四、建一个铸魂育人的指导体系

行走德育的目标体系是对社会主义核心价值观“从公民到学生”“从抽象意义到具体表现”的转化，对于丰富学生价值体认的经历，锤炼他们的爱国情、强国志、报国行，有着极大的影响。

链接 3-2-1
和谐社区行

链接 3-2-1 展示的短片《和谐社区行》（扫描二维码即可观看），是杭州市饮马井巷小学二年级孩子们的行走成果。他们来到位于上城区金钗袋巷的中国社区建设展示中心参观、了解豆选法，聆听一个姓陈的黄包车车夫在 1949 年 10 月的选举中，成为首届居委会主任的故事。他们忍不住赞叹：这就是民主啊！这一感悟让他们印象深刻，也激励他们积极加入社区服务的行列。同时，他们的成果也通过这样的方式转化为其他学生开展同类行走活动的资源。

行走德育的目标体系，不仅作用于学生的行走实践，还有效指导了学科教学的“价值引领”。案例 3-2-2 是杭州市上城区教育学院教师苗森执教“语音合成”一课后的教学反思。

案例 3-2-2 《信息技术》六年级上册“语音合成”的教学反思

行走德育的目标体系对学科教学也有很强的指导性。“语音合成”这一课从技术层面介绍了语音合成的应用、操作和原理，但是缺乏从国家发展、民族复兴等方面看待技术的视角。对照行走德育的目标框架，我反复修改教学设计，最终确定的目标凸显了三个一，即一个作品（以创作“建党 100 周年”音频作品来丰富语音合成技术的应用场景）；一种认识（了解国产人工智能技术的现状和趋势，不盲目“崇外”）；一份责任（认同发展人工智能技术的重要性，有投身祖国科技事业的志趣）。

（苗森　杭州市上城区教育学院）

苗森老师在教学反思中，回顾了自己制订教学目标的过程。他在备课时敏锐地发现，单纯和学生谈技术是不够的。基于三个一的目标，他在教学中引入向建党百年献礼的情境，让学生了解国内语音处理技术现状与发展史，滋养民族自信、技术自信和强国志向。这堂课被评为上城区红领课程建设优秀案例。这样的案例在上城各个学科中越来越多。

在行走德育目标体系的影响下，课堂在变化，全区各校的课程建设也在发生积极的改变。区域推动下各校宋韵课程建设的发展演变，就是一个生动的例子。

上城是南宋文化发祥地、宋韵文化传承展示中心，是全国宋韵文化积淀最为深厚、保留最为完整的地区。推动宋韵文化进课程，是建设新时代文化高地、打造浙江历史文化金名片的重要一环。

自 2012 年起，上城区开始推进区域大课程建设，建成并共享 28 门优质课程资源。其中与宋文化相关的课程有两门，“南宋遗韵”透过翔实的史料，以生动的叙述和珍贵的图片，展现了南宋人民创造的文化瑰宝。“南宋御街探访”以南宋御街雅文化为主线，以吴山民间俗文化为副线，让学生以小组合作的方式收集资料、考察采访、探索体验，了解上城区的区域环境、历史发展和文化特色。

自 2014 年开始，宋韵文化进课程得到了更多关注。受到宋代文人的生活四雅的影响，中小学校开发了以点茶、书法、国画、插花、陶艺为主的课程，凸显拓展性课程的选择性，丰富了美育范畴，提升了学生的审美素养。

2017 年以来，宋韵课程的开发进入行走德育课程推动的新阶段。在行走德育目标体系的引导下，区域发布三个维度的整体目标：寻根，让学生体验宋韵文化之美，传承中华民族对美好生活的向往和追求。铸魂，让学生体会宋人的浩然正气、心怀天下，传承中华民族自立自强、不屈不挠的爱国情怀。立行，让学生在探寻宋代的科学发明和匠心巧思的同时建德修行，传承中华民族的科学精神、创新精神。同时提出，各校分支课程建设要兼顾“知晓”与“传承”，秉承行走德育理念，凸显知行合一、实践育人。

行走德育构建的目标体系，强化了区域课程的顶层设计，明晰了育人方向，引导各校在宋韵课程建设中，有机融入社会主义核心价值观教育，有效解决了早期宋韵课程建设中“育人缺乏指向性、素材缺乏时代性，实施缺少实践性”的不足，也让各校的宋韵课程呈现出别具一格的活力。

首先，课程立意不再局限于“技”，既让学生了解宋朝制香、点茶、建筑、瓷器、丝织、造船等造极于世的技艺，也要挖掘背后的历史脉络、政治文明、民族精神、爱国大义，赋予千年宋韵以时代精神和文化内涵，引导学生有自信，乐传承。如此，宋文化中蕴含的爱国主义精神、勇于创新的民族精神得到了深度挖掘。

其次，新开发的宋韵课程内容不再局限于“时”，既让学生看到南宋历史对杭州的影响，也让他们看到北宋时期的文化对“宋型文化”的影响，还让他们看到宋文化在明清乃至当代文化中的延续，教会孩子用大历史观、大文化观正确看待社会历史的发展与变化。如此，可激发他们的文化自信、爱国之情，激励他们在践行中坚定信念。

让社会主义核心价值观走进学生心里，成为学生成长的“芯片”，是一个长期、系统的工程，并不是简单的一节课或者一个活动就能实现的。行走德育的目标体系，把意义深远的社会主义核心价值观转化为贴近不同学段学生的行动指南，是具有时代立意的创新。

参考文献

[1] 项海刚，等. 让教育更美好 [M]. 杭州：浙江教育出版社，2018.

第四章

育人的阶梯：“三院一体”的上城创新

德育一体化的提出，重点就是要解决当前学校德育实效性不高的突出现实问题，其核心在于将立德树人教育根本任务真正落到实处。可以说，德育一体化，最关键的就是要把握其中的“体”：立德树人。自 2005 年教育部颁布《关于整体规划大中小学德育体系的意见》以来，德育一体化已成为拓展德育实效途径的重要政策话语，上城区也在德育一体化思想的指导下开展了富有成效的实践探索。上城区以师生精神成长需求为基本出发点，遵循学生身心成长规律和教师教育接受机理，在党团队建设要素的不同方面探索一体化架构，创新红领巾学院、青苗团学院、思政研究院“三院一体”阶梯式培养体系，谋划构建针对青少年学生和教师群体的党团队一体化政治引领路径。

第一节
德育一体化契合协同育人理念

⊙

“小林，昨天的志愿讲解员活动，你怎么没去？”“唉，别说了，我妈说要考试了，逼我在家复习、做试卷，说不能浪费时间！”“这怎么是浪费时间呢，我们小组准备了那么久，你没去，太可惜了，昨天我们的讲解受到了好评，馆长伯伯还给我们讲课了……”

在为小林惋惜的同时，德育实施中的重说教轻实践、家校目标不一致之痛，并非个案。学生德育知行不合一，一些德育工作者因而发出学校德育是“5+2 ≤ 0”的无奈感叹。

“这学期品味书香活动要读《弟子规》《论语》？”“哈哈，我早就背过了，因为我上的小学也是中华优秀传统文化进校园试点校……”

德育内容忽视学段衔接，简单重复的问题也值得反思。

德国教育家约翰·弗里德里希·赫尔巴特（Johann Friedrich Herbart）指出“教育的唯一工作与全部工作可以总结在这一概念之中——道德。道德普遍地被认为是人类的最高目的，因此也是教育的最高目的”。但很多时候，德育工作往往只成为德育教师的工作，学科教学和德育工作"两张皮"的问题难以很好地解决。德育工作受到来自不同部门的要求，德育工作中存在"目标主观化，过程形式化，方式简单化，效果低效化"等现象。大德如水，润物无声，但受功利主义思想影响，德育工作急于求成，重形式、走过场，缺少对学生成长的关注。

道德的形成是一个长期的、渐进的过程，由低到高、由简单到复杂的特点使道德发展呈现出连续性和进阶性。长期以来，教育者习惯于对中小学德育课程分段设计，一体化建设的意识不强。2004 年，《中共中央　国务院关于进一步加强和改进未成年人思想道德建设的若干意见》，提出要努力构建适应 21 世纪发展需要的中小学德育课程体系。2005 年，教育部印发《关于整体规划大中小学德育体系的意见》，对大中小学的德育目标、德育内容、德育课程、德育活动和德育途径进行了整体的系统规划。进入中国特色社会主义新时代，"大中小学德育衔接"进一步提升为"大中小学德育一体化"。

为推动德育一体化建设，上城区教育局建立德育工作指导小组，加强区内学校德育研究，设立思政一体化德育研究员，具体承担区内中小幼一体化德育体系建设相关工作，设立中小幼一体化德育建设专项研究课题，组织力量开展集中攻关，积极推进成果转化。研究主题包括纵向衔接的一体化德育目标、循序递进的一体化德育方法、正反馈的一体化德育评价、区域统筹的一体化德育保障。

一、纵向衔接的一体化德育目标

完善纵向贯通的学校育人目标体系，需要实现"顶天立地"。"顶天"，就是要深入落实习近平总书记在全国教育大会上强调的"我们的教育必须把培养社会主义建设者和接班人作为根本任务，培养一代又一代拥护中国共产党领导和我国社会主义制度、立志为中国特色社会主义奋斗终身的有用人才"，就是要结合学段特点，坚定不移地将党的教育方针、社会主义核心价值观落实落细在阶段育人目标体系中，用明确的目标导航、导行、评价、修正。"立地"，就是各学段在完善育人目标时，既要确定贯穿从幼儿园到大学各个阶段的共同育人总目标，确保立德树人的培养方向；又要有充分尊重并体现学段年龄特征、区域学生特征的可落实、可检测的微观小目标。

德育目标设计从尊重学生的成长规律出发，将丰富的育人目标、意义深远的价值观，转化为贴近不同学段学生的实践指南。以“友善”为例，从“人与人、人与社会、人与环境”等多角度进行分类、分解，构建了“善待他人、尊重个人、服从集体、服务社会”四个维度的目标体系。从这四个维度出发，进一步细化出低中高各学段的目标：1—3 年级目标为关心、关爱身边的人，在生活中做到礼貌待人、乐于助人；找到保持好心情的办法。4—6 年级目标为尊重身边的人，能为家庭、邻里、师生、同学的和睦出力；团队合作时会沟通，有担当，肯付出；能管理自身的情绪，控制冲动。7—9 年级目标为遇到矛盾时，以团结为重，以集体为重；常为别人着想，助人不求回报；能坚持参与公益活动、社会服务；能有方法地疏导自己的负面情绪。在实施过程中，各个年级依据学生认知规律，确定拾级而上的落脚点，使学段目标相互连接，循序渐进，螺旋上升。

区域层面落实立德树人根本任务，使整体性德育目标要求贯穿中小幼各学段，建构德智体美劳全面培养的教育体系。幼儿园阶段重在建立感性认知，培育真善美天性，建立初步社会认知，培养良好生活习惯。小学阶段重在启蒙道德情感，引导学生形成爱党、爱国、爱社会主义、爱人民、爱集体的情感，具有做社会主义建设者和接班人的思想意识。初中阶段重在引导学生把党、祖国、人民装在心中，强化做社会主义建设者和接班人的政治认同。高中阶段重在引导学生衷心拥护党的领导和中国特色社会主义制度，形成做社会主义建设者和接班人的责任担当。

各学段密切关注相邻学段的德育目标设计，在起始年级和毕业年级加强与相邻学段德育目标衔接，帮助学生适应下一学段的学习生活。

幼儿园大班阶段组织儿童了解小学生活，把爱国情感、理想信念、道德认知、良好习惯春风化雨般地播入孩子的心田；小学高年级阶段引导学生逐步形成相对理性的情感认知，打牢理想信念和思想品德基础；初中高年级阶段充分利用“初升高”人生选择的契机，强化理想信念；高中毕业阶段加强职业生涯规划教育，帮助学生确立未来目标（见案例 4-1-1）。

案例 4-1-1 杭州师范大学附属丁兰实验学校一体化德育体系构建

杭州师范大学附属丁兰实验学校深入贯彻落实立德树人的根本任务，围绕"为谁培养人""培养什么人""怎样培养人"三个问题，着力构建方向正确、内容完整、衔接完善、载体丰富的一体化德育工作体系（见图 4-1-1）。整个体系涵盖目标引领、内涵发展、课程推进、活动实践、评价赋能的全过程。努力培育有理想、有本领、有担当，全面发展的社会主义建设者和接班人。学校挖掘已有的德育资源，寻找一体化的契合点，依据低、中、高不同年段学生的身心发展规律、德育规律与德育特点，聚焦丁兰学子发展核心素养，整体构建成长序列，实现分层涵养，坚持学科德育，推进课程建设，形成全员、全过程、全方位的育人格局。

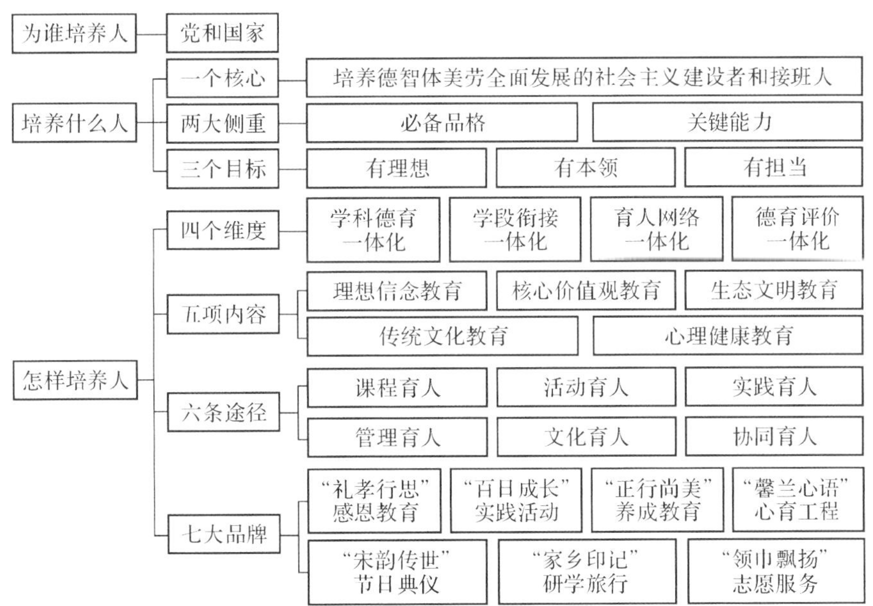

图 4-1-1　杭州师范大学附属丁兰实验学校一体化德育体系

（倪倩　杭州师范大学附属丁兰实验学校）

二、循序渐进的一体化德育方法

德育方法一体化有纵向和横向两层含义。纵向的德育方法一体化主要指向作为个体的儿童，指向儿童的整体生命，一方面要求不同年龄、不同年级、不同学习阶段之间的德育方法相互衔接、相互配合、循序渐进，以达到良好的教育效果；另一方面要求德育方法的选择和使用兼顾儿童的道德情感、认识和行动三方面的协调发展。横向的德育方法一体化也有两个维度：一方面指学校、家庭、社会等各方德育力量的有机整合，强调多种德育方法之间的内在合力及协同育人效果；另一方面则指德育方法作为德育大系统中的子系统，与德育目标、内容、途径、管理与评价等其他德育要素之间的相互联系、高效统一和整体优化。

要循序渐进地推进德育一体化，首先要坚持“守好一段渠、种好责任田”，推动各类课程与思政课程同向同行。坚持显性教育与隐性教育相统一，组织各学科教师根据《浙江省中小学学科德育指导纲要》的要求，深入挖掘各类课程和教学方式中蕴含的思想政治教育资源，逐步构建起全面覆盖、类型丰富、层次递进、相互支撑的课程思政体系，将德育贯穿教育教学全过程和学生学习生活各方面。

其次要系统开展一体化主题教育活动。深化“三同四起来”工作模式，每年聚焦党和国家重大主题，紧扣“知、情、意、行”教育规律，面向全区中小学和幼儿园开展贯穿全年的主题教育活动。围绕同一主题，紧扣不同学段学生特点，组织动员中小幼学生“学起来”“唱起来”“讲起来”“做起来”，推动思政小课堂与社会大课堂“同频共振”，促进一二课堂和师生群体“同向同行”，引导师生坚定不移地与以习近平同志为核心的党中央“同心同路”（见表 4-1-1）。

表 4-1-1　小学阶段专题教育重点实施内容

年级	理想信念、家国情怀教育	身心健康、文明有责教育			探索精神、实践能力教育
	民族与文化	安全与防范	法律与道德	环境与健康	综合与实践
一年级	中华优秀传统文化教育	校园安全教育/交通安全教育/消防安全教育	文明礼仪教育	健康教育	节粮节水教育
二年级	中华优秀传统文化教育	交通安全教育/消防安全教育/治安防范教育	诚信教育	健康教育	节粮节水教育
三年级	民族团结教育/中华优秀传统文化教育	防灾自护教育/防溺水教育	反邪教教育/廉洁教育	健康教育（含心理健康教育）	科普教育/水土保持教育
四年级	民族团结教育/中华优秀传统文化教育	交通安全教育/治安防范教育/国防民防教育	网络道德教育	环境教育/健康教育（含心理健康教育）	质量教育
五年级	民族团结教育/中华优秀传统文化教育	消防安全教育/食品卫生教育	法制教育	生命教育/健康教育/环境教育	档案教育
六年级	中华优秀传统文化教育	校园安全教育/交通安全教育/治安防范教育/防灾自护教育	文明礼仪教育/廉洁教育	环境教育/健康教育（含青春期教育）	节粮节水教育

再次还要遵循不同学段学生认知规律设计德育方法：幼儿园阶段重在开展活动性学习，注重示范引导方法，将德育融入课程和每日常规活动场景，打好思想品德的底子。小学阶段重在开展启蒙性学习，运用榜样示范、环境熏陶、表扬惩戒、说服教育等方法，让小学生在潜移默化中记住要求、心有榜样、从小做起、接受帮助。初中阶段重在开展体验性学习，综合开设道德与法治课程，整体构建德育活动课程体系，全面渗透课程核心素养。高中阶段重在开展常识性学习，整合构建以思想政治课程为主体、各学科课程相渗透、以实践课程为补充的高中广域德育课程体系。

三、正反馈的一体化德育评价

依照《上城区中小学德育工作年度考核办法》，夯实德育工作基础，通过开展德育视导、德育调研等，对学校德育工作进行常态化指导和过程性评价，使德育评价全方位、重过程、有实效。建立发展性德育评价体系，构建新时代“上城好少年”评价体系，培育具有理想信念、家国情怀的尚德少年，培育身心健康、文明有责的向善少年，培育具有探索精神、实践能力的逐梦少年。加强区、校学生评价方式的衔接，构建多元评价机制，促进学生全面而有个性地成长。

对学生的综合评价改革分步有序实施：第一，营造一个评价的氛围。以区内教育评价创新项目的设立为契机，建立学生综合评价改革实验学校。确定项目组核心成员，提升区内教师的评价素养，引导学校树立“立德树人”的科学教育观，营造科学健康的区域评价文化。第二，做好一个顶层设计。区域组建团队根据最新的文件要求和修改内容，明确学校可借鉴可参考的报告单，并颁布《上城区学生综合评价改革实施方案》。第三，修订一套评价标准。根据最新政策，修订原有的评价参考标准，分学段、分学科、分维度、分梯度呈现具体要求，出台《上城区学生综合评价参考标准》。第四，研发一组评价工具。根据学校实际和学生特征，开发科学、适用的评价量表，关注多样的评价手段和多元的评价主体，加强评价结果的呈现和使用研究。第五，搭建一个数字平台。建立完善、动态的上城区学生综合评价可视化系统，树立“区域 · 学校 · 学生”三级紧密联动的教育评价新形态，动态追踪学生的成长趋势，全面评估学生的表现，保留过程数据，展现成长轨迹，最终实现“过程留痕，发展有迹，成长可视，未来可期”的应用目标，以达到德智体美劳全面发展的学生培养目标。第六，呈现一个区域样板。凝练在区域实践过程中的智慧，梳理总结，完善机制，形成体系。

充分发挥学生自主参与评价和家长评价的诊断作用，搭建可视化过程性评价载体，建立以正反馈为主的一体化德育评价体系。学生德育评价有评语式定性评价，也有成果展示和定量评价。

建立通用且科学的评价体系对教师的德育工作质量进行测评，可以提升教师对德育工作的重视程度。过程性评价的评价流程为：对教师开展的德育教学工作与活动进行记录，可以以档案信息收录的方式，也可以采用网络信息技术进行系统录入，最终的目的都是让工作得到动态性的记录，然后由学校的德育管理人员进行过程评价，尽量对所有的活动与理论进行评比，彰显公平性。至于综合性评价，则是相对于动态性纵向评价工作来说的。评价工作由自评与他评组成，教师推出的德育教学理念与活动需要先从教师的角度进行观察，查看效果，了解学生是否能从中获得道德素质指导，然后对学生的反馈进行收集，参照学生的反馈，教师可以及时调整教育策略或内容。

通过信息化等手段，探索学生、家长、教师以及社区等参与评价的有效方式，客观记录学生日常表现和突出表现，特别是践行社会主义核心价值观的情况。小学和初中阶段学生评价充分发挥学生自我评价的参与作用，加大过程性与可视性成果评价权重。高中阶段学生评价充分结合学生自我成长记录和职业生涯规划报告等可视化方式，提升学生自我评价导向意识，将评价结果纳入综合素质档案，强调发展性、过程性和多元性。

四、区域统筹的一体化德育保障

区德育领导小组审定、论证区域一体化德育体系及实施方案，德育工作指导小组负责区一体化德育体系建设和实施工作，学校和幼儿园党组织结合三年规划，制订本学段与相邻学段德育一体化实施细则。

1. 区域统筹校内外一体化德育资源

开发具有上城特色的社会大课堂资源单位，用好浙江革命烈士纪念馆、毛泽东视察小营巷纪念馆、全国爱国卫生运动纪念馆、钱学森故居、钱王祠、杭州市城市规划展览馆、杭州海塘遗址博物馆、中国杭州低碳科技馆、中国茶叶博物馆等校内外德育资源。

建设校内德育资源。推进教育“第三空间”建设。盘活区内德育资源，创设教育“第三空间”，将拓展性课程、特色基地巡游列入教育“第三空间”的体验内容中。落实每月综合实践日要求，将学生参加社会实践活动的情况纳入学生综合素质评价中。

推进特色项目实施。充分用好选修课、拓展性课程和社团活动等载体，大力推进学校德育“一校一品”“一校多品”建设。每年举办德育研讨活动，研究和实施德育创新项目，评选年度十大创新项目，全力打造区、校两级德育品牌。

组织一体化德育网络文化研究。积极建设源于学生、贴近学生、引领学生的校园公众号等平台，创作导向正确、内容生动、形式多样的网络文化产品。

2. 建立区域管理机制、工作机制和推进机制

建立“一体两翼多伙伴”管理机制。努力实现从“学生的德育工作是学校的事情”到“学生的德育工作要学校、家庭、社会共同配合”再到“学生的德育工作是全社会的事情”的转变。区域德育工作要建立以教育行政部门为主体，以教育学院、青少年宫为两翼，以相关部门如文明办、妇联、团工委、关工委、公安、司法等部门为伙伴的运作机制，发挥工作合力，协同推进上城德育工作。区域德育工作在区委宣传部领导的指导下，由区教育行政部门牵头建立全区性德育协调机构。并且根据上级的要求结合本区实际，协调相关部门，对全区学校德育工作以及学校、家庭、社会三位一体德育工作进行整体规划。

建立“一会二展多联盟”工作机制。“一会”，即每年末召开德育工作年会，总结工作，表彰先进，确定新一年德育工作的指导思想、工作思路、总体任务和工作做法。“二展”，指上半年举行德育特色活动展示，下半年举行德育课堂教学展示，形成长效的活动交流、教学研讨规范，为师生、学校搭建成长的平台。“多联盟”，指建立德育课题研究联盟、片区活动联盟、星级班主任工作坊等民间德育工作团体，活化德育工作队伍。此外，通过每学期一次的德育指导

小组会议，暑期德育干部培训会，每月一次的科室、部门德育工作例会保障德育工作的有效推进。

建立"点、片、面多层协同"推进机制。针对目标要求和区域、学校的特点，有的放矢，有针对性地开展工作，不搞一刀切机械化，避免盲目、无序推进。根据一体化育人目标在不同阶段的落实要求，设计相应活动，有的在有相关特色的学校开展，有的在片区联盟中实施，有的全区全面推进。"点、片、面多层协同"推进机制，实现了德育项目系统设计、精准发力、有效落地，较好地解决了德育活动忙乱杂繁、重点工作不清、难点突破乏力等问题。

第二节
“三院一体”的育人新坐标

党是先锋队，团是突击队，队是预备队，党团队有着共同的政治愿景和政治目标。教育系统作为党团队一体化传承红色基因的全链条主阵地，更要彰显党员先锋模范作用，把共青团员和少先队员紧密团结在党的周围，听党话、跟党走，把共青团员和少先队员锻炼成为中国特色社会主义事业和共产主义事业的合格建设者和可靠接班人。上城区以师生精神成长需求为基本出发点，遵循学生身心成长规律和教师教育接受机理，在党团队建设要素的不同方面探索一体化架构，创新“三院一体”培养体系，谋划构建针对青少年学生和教师群体的党团队一体化政治引领路径。

一、构建全域覆盖的培养网络，参训对象实现“一个不少”

2019 年 3 月，习近平总书记在学校思想政治理论课教师座谈会上强调，“青少年阶段是人生的‘拔节孕穗期’，最需要精心引导和栽培”。2021 年 1

月31日，《中共中央关于全面加强新时代少先队工作的意见》颁布，明确提出"全面加强党、团、队一体化建设"。《意见》规定坚持全童入队，实施分批入队，加强分段教育，严格推优入团，建立健全覆盖队前教育、队中培养、团队衔接的阶梯式成长激励体系。在团员队伍建设上，习近平总书记要求切实"在团员标准要求上严起来"，以严把入口关、严控团青比为切入点，扭转过去一段时期学校领域"初中毕业后都是团员"，甚至"全员入团"的错误现象，提高入团的标准和"门槛"，大力纠治"团青不分"的问题。随着对团员队伍质量"宁可少一点，也要好一点"的要求落地，部分学生存在"摘下红领巾就没了组织"的现象，部分教师缺少思想政治教育培养和党团员先进性教育，组织培养存在一定缺位。为此，上城区构建全域覆盖的培养网络，不断强化工作覆盖面。

1. 密织顶层设计网

探索运用"一体化"培养理念，分层分类建立思政研究院、青苗团学院、红领巾学院"三院一体"培养体系。明确"一个不少"原则，进一步强化对培养对象的全覆盖，其中思政研究院面向青年教师骨干和思政教育工作者，青苗团学院面向全体中学生和青年教师，红领巾学院面向全体少先队员。通过加长培养时段以覆盖青少年成长的各个阶段，完善全链条的思政育人和政治吸纳机制。

思政研究院在上城区教育学院的助推和思政联盟学校的协同下成立，旨在打破学科界限、突破学校围墙，传承和发扬中国的优秀传统文化和革命文化，培育忠于家国、勤于奋斗和乐于奉献的教育工作者。青苗团学院以培养立大志、明大德、成大才、担大任的时代新人为目标，引导广大青少年形成坚定的理想信念、高尚的道德修养、过硬的本领能力和强烈的时代责任感。红领巾学院将"真善美"种子工程融入"三院"培养全过程，融合共进，一体推动。以培养德智体美劳全面发展的时代新人为目标，引导广大少年儿童从小形成坚定的理想信念、高尚的道德情操、强烈的时代责任感和全面的综合素养。链

链接 4-2-1
上城区"三院一体"铸魂育人模式展示

接 4-2-1 展示的短片是上城区“三院一体”铸魂育人模式展示（扫描二维码即可观看）。

2. 密织组织保障网

聚焦“三院”管理培养的规范化、制度化、长效化建设，研究制订《上城区“三院一体”建设实施方案》《上城区“三院一体”三年发展规划》。建立区校两级“三院”院务委员会，区级“三院”分别由团区委书记、区教育局党委书记、区少工委主任担任院长；校级“三院”由学校党组织书记担任分院长，建立重点工作项目领办机制，学校党团组织书记、少先队辅导员带头领办“三院”重点项目，带头指导研究“三院”各项工作，带头上好“三院”开学第一课。

思政研究院汇聚全员育人力量，为青苗团学院、红领巾学院提供资源支持，实现“三院一体”全域联动，打造思政教育研究高地。2019 年 11 月，上城区成为国家社科重大课题“立德树人的落实机制研究”实践示范区，思政研究院积极参与其中，为上城区乃至省市思政教育提供学术支持、人才支持。思政研究院主动对接组织部、宣传部、文明办、社科联等部委办局，成立思政教育联合体，加强区域内学校与社会、政府部门之间的广泛协同，重点聚焦思政教师配备问题。同时和许多第二课堂场馆、有志于为青少年提供校外活动服务的公益机构合作，共同开发研学课程。青苗团学院和红领巾学院作为思政教育的实践基地，覆盖全区中小学，积累了一定的教学经验和成果，同时为思政研究院输送了大量青年教师人才。

3. 密织研训联动网

2014 年 9 月，习近平总书记在同北京师范大学师生代表座谈时提出，“今天的学生就是未来实现中华民族伟大复兴中国梦的主力军，广大教师就是打造这支中华民族‘梦之队’的筑梦人”。“三院”教学人员由思政研究院统筹选配，组建了一支由校内外优秀思政课教师、专兼职团干部、少先队辅导员、各领域优秀党团员、各行各业先进人物等组成的教师队伍，供区内各分院打通使用。同时，思政研究院牵头成立区域“三院”课程教学研究小组，组建“三院”课程专家团队、研究团队，进一步完善教研机制，培养骨干教师。实施项目化管理，形成以“智库专家、名师、骨干教师”为核心的项目团队，负责各方向的具体研究。智库专家来自高校、党校、教科院、教研室，科研力量雄厚。专家们聚焦“如何教”“如何育”，以及“凭何教”“凭何育”几个关键问题，为思政教师发展全面赋能。思政研究院牵头定期开展区内优秀经验交流，推出区级课程教学示范讲义和精品案例，建立网上资源库。

智库专家驻点课题研究。2020 学年，思政研究院与杭州师范大学小学教育系开展深度合作，引进“青年博士站”。智库专家、青年博士零距离参与教师的课题研究，引导教师带着问题走进教育教学，带着思考去研究，带着经验去反思。智库专家“点对点”的指导，为思政教师实践智慧、归纳缄默知识的提升搭建高位发展平台。

名师引领赋能教师培训。区域先后设立“特级教师工作室”“名师工作坊”，名师们一人带一片，以项目领办的形式开展专题研究。每学年举办“全国吴山思政教育论坛”，梳理和辐射思政教育成功经验，为构建研训党团队一体化人才培养模式提供了广阔的平台。

学术导师助力课堂教学。广义上来说，全体教师都是思政教育工作者。思政研究院牵头聘请省、市、区学科教研员作为学术导师，定期浸润思政课堂，开展“诊断式”导助服务，提升教师“课程思政”水平。在定期举行的全科思政研讨会中，各学科教师围绕思政教育主题开展课例交流，提升全员育人成效。

另外，各分院也可以根据实际工作需要成立学术委员会，成员由各分院院长负责聘任，并报区级院务委员会备案。

二、打造阶梯成长的课程体系，路径创设实现“知行合一”

2019 年 3 月 18 日，习近平总书记在学校思想政治理论课教师座谈会上强调，“思想政治理论课是落实立德树人根本任务的关键课程”。在大中小学循序渐进、螺旋上升地开设思想政治理论课非常必要，是培养一代又一代社会主义建设者和接班人的重要保障。要把统筹推进大中小学思政课一体化建设作为一项重要工程，推动思政课建设内涵式发展。古语云：“汝果欲学诗，工夫在诗外。”在课程建设中，不能只依赖于《道德与法治》等教材的理论教学，要结合不同学段学员的思想政治素质要求，递进式设置不同学段的课程目标，创设“知行合一”的阶梯式育人路径。

2021 年行政区划优化调整后，原两区学校党团队工作合二为一，加速形成“品牌融合、优势互补”的局面。但在青少年政治引领上，原有的工作体系和品牌项目还存在“各自为政、缺乏统筹、政治教育针对性不强”等问题。为此，上城区将“三院一体”培养体系和既有工作品牌“强强联合”，推动工作落地见效，使广大学生实现理论知识与实践拓展的对接，真正把党团队一体化政治教育内化于心、外化于行。

1.“三院一体”中学员学什么

打通“三院一体”理论教学培养关节，形成党团队理论培养“三院连通”。“三院”课程主要分为必修课程和选修课程两大类别，采用不同阶段学员喜闻乐见、易于接受的途径方法，切实提高学习教育的实际效果，实现理念一致、功能协调、结构统一以及资源共享。

必修课程主要包括习近平新时代中国特色社会主义思想，马克思主义基本原理启蒙，党、团、队史教育三项课程。

选修课程从不同阶段学员的认知规律出发，紧紧围绕育人目标，科学设置课程体系，着重将组织意识教育、历史教育和时代精神等内容融入其中。例如红领巾学院主要依托队长学校课程，包括课程培训、活动支持和实践践行三大系统培训活动，培育道德完善、视野开阔，具有社会责任感、团队精神、沟通能力和情感智慧的少年领袖。青苗团学院和思政研究院的选修课程主要包括身心健康教育课程（珍爱生命、心理健康、身体保健、体育运动技能等），职业生涯规划教育课程（职业探索、规则建立、社会责任感培养等），能力与素质教育课程（培养团队合作、创新创造力、人际交往力、生存适应力、领导统筹力、规划决策力、高效执行力的实践课程、团队拓展性课程等），实践与体验教育课程（社会实践、劳动与技术教育、生存教育、国防教育等以培养和发展解决问题的能力、探究精神和综合实践能力为目的的课程）。

2."三院一体"中学员怎么学

"三院"的课程看似独立，实则紧密相连、层层递进。基层党组织作为校级三院的落地主体，要坚持党建与团建、队建工作同部署共发展，坚持党组织对团组织及少工委的领导，将共青团、少先队工作纳入学校党建工作规划。各校也要因地制宜打磨"三院一体"校本课程，形成"一校一品"的课程品牌。

例如，上城区青苗团学院的课程类型分为理论学习、社会实践和仪式教育三大形式。理论学习采用青少年喜闻乐见、易于接受的途径方法，创新运用讲座、研讨、观察、调查研究、角色模拟、音像视频制作、项目化小组合作等形式，切实提高学习教育的实际效果，实现理念一致、功能协调、结构统一以及资源共享。每学期组织开展专题学习教育不少于 4 次。社会实践通过丰富多彩的主题团日活动、社团活动、主题宣讲、志愿服务、劳动实践等沉浸式、体验式、具有互动性的社会实践，打造多模块、分层次、渐进式的实践课程。依托上城丰厚的自然资源、红色资源、宋韵文化资源、非遗文化资源等，用好"走读上城"系列研学路线，引导青少年厚植爱国情怀。每学期开展社会实践专题活动不少于 2 次。仪式教育结合学校文化，设计、组织、实施和评价"仪式教育课程"。从青少年的兴趣与需求出发，体验为本突出主体性，注重细节突出精神性，继承发展突出创新性。依托晨会、国旗下演讲、建队日、主题团日、主题活动等多种方式，每学期开展仪式教育不少于两次，增强青少年的组织光荣感和对组织的归属感。

2022 年 9 月，杭州市惠兴中学举行了以“红色根脉照我心，踔厉奋发向未来”为主题的上城区青苗团学院惠兴分院“开学第一课”。结合“知行合一”课程品牌理念，活动分为“思政育人，培根铸魂”“心之所向，素履以往”两个篇章。特别邀请上城区青苗团学院特聘导师浙江大学马克思主义学院赵永帅老师讲授理论课——“从队到团，青春可以更主动”，全区青苗团学院各校级分院在线聆听。理论课程结束后，由于天气原因原计划的毅行活动将调整为室内活动，可是台下整齐的方阵没有丝毫的动摇。“继续出发还是回去躲雨？”“出发！”整齐划一的选择回响在操场上空，一个个班级有序地走出校门，既然选择了远方便只顾风雨兼程，又一批青苗学员向着美好的未来挂帅前行。

3.“三院一体”中学员怎么评价

过去，学校党团队建设中一定程度上存在着“党团队员身份认同感不强、组织生活不够规范、政治先进性的评价标准有待细化”等现象。从辩证法的角度来说，问题的产生绝对不是单一事件造成的，而是多种事物共同作用的结果。针对这些存在的问题，若能建立一套较为科学合理的评价体系，将对促进“三院一体”阶梯式培养模式建设起重要作用。如果说目标架构、课程设置以及过程实施是重点，那么评价策略就是难点。为此，上城区聚焦提升各阶段学员的荣誉感和仪式感，完善“三院一体”评价激励体系，引领广大学员增强身份认同、踊跃投身建功立业。

（1）建设科学的评价体系。华东师范大学鞠玉翠教授认为，评价被普遍认为是影响立德树人动力的关键因素。完善“三院一体”有序衔接、科学评价体系，是努力实现对培养对象的全过程全方位评价的重要一步。

红领巾学院主要通过争获“红领巾奖章”基础章，对少先队员在红领巾学院课程中得到教育锻炼的成效及时进行评价激励。坚持“一主题一奖章”，在每个课题完成后，及时进行评价激励。同时以小队队员相互评价为基础，红领巾学院辅导员在评价过程中予以指导，填写相关学习成长记录。

青苗团学院坚持个人自评、学员互评和组织评价"三评价"结合，综合采取行为观察、问卷调查、谈心谈话、民主测评"四路径"，以有信仰、讲政治、重品行、争先锋、守纪律的"五标准"为指导。并出台《上城区青苗团学院学员评价实施细则（学生）》（见表 4-2-1），与《上城区中学生星级入团评价实施细则》衔接。

思政研究院创新实施党政评、个人述、团队赛、专业考"四位一体"的考评机制，采用"线上 + 线下""场内 + 场外"等方式，考准考细考实教师工作，不断激发教师动力。

表 4-2-1　上城区青苗团学院学员评价实施细则（学生）

标准	指标	参考细则	程度	备注
有信仰（25 分）	树立远大理想	相信共产主义是人类社会发展的必然趋势，通过长期努力能够实现，愿意为之奋斗	ABC	◎▲
		了解中国梦的内涵，对实现中国梦有信心	ABC	▲
	热爱伟大祖国	爱护和尊重国旗、国歌、国徽，无损害国家形象的言行	ABC	◎▲
		关心国家大事，有家国情怀和时代责任感，坚持爱党、爱国、爱社会主义相统一	ABC	▲
	崇尚科学理性	知道党团员必须是无神论者，自觉抵制封建迷信，反对邪教，崇尚科学	ABC	◎▲
讲政治（25 分）	学习党的理论	认真学习党、团、队的理论和历史，熟悉党史中的若干历史事件和人物	ABC	
		每年参加集中学习培训不少于 4 次（不少于 8 学时）	ABC	◎▲
		思想政治类课程考评优良	ABC	◎▲
	拥护党的领导	对党组织有基本了解，认同没有共产党就没有新中国，能列举党领导人民取得的重大胜利和成就	ABC	
		爱戴党的领袖，能分享习近平总书记对青少年的寄语	ABC	▲
		无反党反社会主义的言行	ABC	◎▲

续表

标准	指标	参考细则	程度	备注
重品行（15分）	明辨善恶美丑	熟知社会主义核心价值观的内容，了解其大体含义	ABC	
		诚实守信，言行一致、表里如一	ABC	◎▲
	发扬集体主义	热心集体事务，团队意识和集体荣誉感强，带头参加、组织集体活动	ABC	▲
		认同56个民族是一家，带头维护民族团结，与身边其他民族的同学和睦相处，无排斥、歧视的言行	ABC	◎▲
	乐于奉献社会	践行文明风尚，积极参加社会实践，成为注册志愿者，年度志愿服务时长不少于10小时	ABC	◎▲
争先锋（20分）	矢志艰苦奋斗	劳动能力强，积极参加校内外实践活动并取得成果，勤俭节约、爱惜粮食，不攀比物质生活	ABC	▲
		相信奋斗创造美好生活，不好高骛远，不贪图虚荣	ABC	
		心态阳光、乐观向上，遇到挫折不自暴自弃，敢于迎难而上	ABC	
	勇于创先争优	学习认真刻苦，学业成绩良好，德智体美劳全面发展，获得相关荣誉	ABC	◎▲
		尊敬师长、团结同学，示范表率作用好，综合测评满意度较高	ABC	▲
守纪律（15分）	主动靠拢组织	主动学习了解团史、团章、团歌等，积极向团组织靠拢	ABC	▲
	严守法律纪律	带头学习宪法法律知识，有基本的法律意识和规则意识。践行所在学段学生守则及行为规范，没有违规违纪受处分记录	ABC	◎▲

注：

1. 标注“◎”的为负面清单项，相关评价结果为“C”的，为触发“负面清单”情形，标注“▲”的同时作为星级入团评价参考细则。

2. 在程度评价（ABC）中，A表示“好”，该项得满分；B表示“一般”，该项得满分的50%；C表示“差”，该项不得分。如：单项分值满分为5分，则ABC分别对应5分、2.5分、0分。

（2）数字改革创新评价机制。“数字化”正开启人们生产生活、学习和思维方式的跨越式变革，它所带来的劳动工具和方式的变革以及人的社会角色的转换，也是思想政治教育需要面对的重大课题。这就需要教育者重新审视"三院一体"阶梯式培养理念和方法。

根据培养对象不同成长阶段的激励需求，完善现有分类激励机制。红领巾学院运用少先队特有的奖章、荣誉、服务岗位、实践体验等多种激励载体，增强少先队员光荣感。在青苗团学院，所有积分评议秉持公平公开、全员参与的原则，评出学期优秀学员。获得优秀学员称号的学生优先推荐为入团积极分子，获得优秀学员称号的教师优先推荐为入团、入党积极分子。在思政研究院，评价结果作为选拔储备学校团、队干部的重要依据。

利用数据挖掘技术，"增值"学员成长信息。各校级分院可通过云计算、大数据、物联网等技术以及各种智能学习终端与学校教育教学的深度融合，"数字化"采集学生在思政学习中的情感、行为、兴趣、偏好等个性化信息。有的学校打通信息化管理系统，将现已存储的学生、教师、教育教学、班级管理、课程实施等各类档案信息作为基础数据。学校、家庭还可以采用互联网技术，借助智能终端实现家校协同教育，为学员成长提供良好的人文环境和物质基础。

以杭州师范大学第一附属小学为例，学校开发了"教学评一体化"成长码，借助二维码技术，以质性评价与量化评价相结合、指标考核与价值引领相补益为原则，具有支持码上导学、开设码上银行、出具码上报告等功能，为校级"三院"建设提供数"智"化支持和服务（见图 4-2-1）。

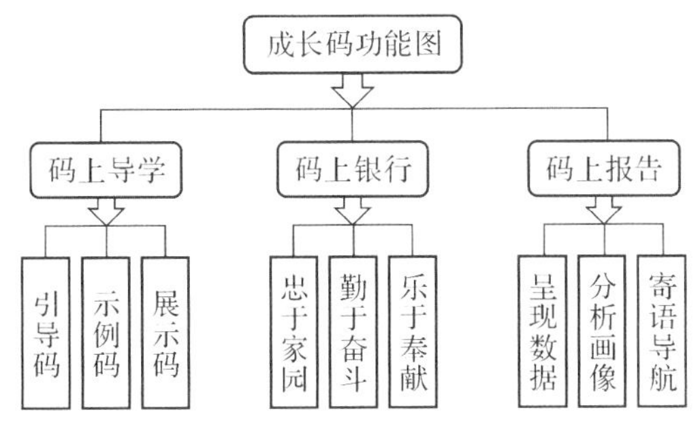

图 4-2-1　杭州师范大学第一附属小学成长码功能图

(3) 创设志愿者积分评价品牌。立足“三院”育人职责，统筹内外资源，打造层次丰富、覆盖广泛、专兼结合的宣讲队伍，解决“谁来讲”“讲给谁”“怎么讲”的问题。吸纳各级党团队先进个人、青联委员、美德少年等优秀代表进宣讲队伍，发挥典型引领、示范带头作用。开展“年轻干部创新讲”“共青团员立志讲”“少先队辅导员引导讲”党团队一体化宣讲，从“三院”中来到“三院”中去，发挥个体主观能动性。打造“上教青菁宣讲团”“红星少年宣讲团”等品牌，展现上城教育的蓬勃力量。

以“奉献、友爱、互助、进步”为具体内容的志愿精神，是社会主义核心价值观的重要组成部分。“三院”学员借助志愿者这一共同身份，通过实践体验，将志愿服务精神转化为日常生活工作中的行为导向，发挥志愿服务的育人功能。将志愿服务相关内容融入思政课程之中，引导不同阶段学员积极参加志愿服务活动，不断强化志愿服务意识，发挥课程思政的作用；通过健全志愿积分激励机制，进一步提升学员参与志愿服务活动的热情与激情；组建“上城教师志愿者”“红领巾志愿服务队”等品牌团队。

育人贵在持之以恒。青少年思想政治引领是推进立德树人根本任务的重要抓手，上城区将高质量持续打造“三院一体”阶梯式培养阵地，引导青少年增强听党话、跟党走的思想和行动自觉，把个人理想自觉融入国家发展伟业，为实现中华民族伟大复兴贡献青春力量。

第五章
课程的演进：关键课程也要“行走”起来

“大思政课”是指思政课遵循教育规律和人才培养规律，充分挖掘社会生活中的教育元素，运用现实社会生活素材丰富思政课内涵，创新教学方法，以求提高思政课教学效果的做法及其形成的课程格局；思政课程指思想政治理论课程；课程思政，即将思想政治教育元素，包括思想政治教育的理论知识、价值理念以及精神追求等融入各门课程中去，潜移默化地对学生的思想意识、行为举止产生影响。近年来，上城区教育局作为全国未成年人思想道德建设先进单位，深入贯彻习近平总书记重要讲话精神，按照习近平总书记提出的“八个相统一”要求，推进思政课改革创新。本章从思政课程的创新实践路径入手，概述了上城区开展的一系列有效的探索——其提升了思政课程的思想性、理论性、亲和力、针对性。

第一节
让关键课程引领学生成长

⦿

党的十八大以来，习近平总书记多次强调思想政治工作的重要性。如何上好一堂思想政治课？2019 年 3 月 18 日，习近平总书记在北京主持召开学校思想政治理论课教师座谈会并发表重要讲话，他强调“办中国特色社会主义教育，就是要理直气壮开好思政课，用新时代中国特色社会主义思想铸魂育人，引导学生增强中国特色社会主义道路自信、理论自信、制度自信、文化自信，厚植爱国主义情怀，把爱国情、强国志、报国行自觉融入坚持和发展中国特色社会主义事业、建设社会主义现代化强国、实现中华民族伟大复兴的奋斗之中”。所以要上好思想政治课，教师应该积极关注思想政治课的重要地位，坚持在改革创新中提升思想政治教育的亲和力和针对性，满足学生成长发展需求，使学生真正地接受社会主义文化的熏陶，努力在实践中提升创新精神和实践能力，真正实现让关键课程引领成长。

一、“四个融入”的内容创新

思想政治理论课程具有意识形态属性和政治性的要求。与智育课程不同，作为德育课程的思想政治理论课程，必须反映意识形态工作要求并始终以此作为标尺，指向学生内在的品德结构，影响学生思想行为。因此，思想政治理论课程教学内容不是一成不变的，而是依据党的思想理论发展而不断发展。在网络日益发达的今天，中小学生的思想政治观念已经发生了深刻变化，他们会根据自己接受思想政治教育的状况对思想政治理论课程内容进行认知和评价。因此，要时刻关注新时代“学情”的变化特征，才能更好地提高思想政治理论课程教学实效性。基于以上认识，上城区在探索思政课程的创新时，首先以内容为王，做好“四个融入”，提升思政课的思想性、理论性。

1. 将习近平新时代中国特色社会主义思想融入思政课教学

党的十九大把习近平新时代中国特色社会主义思想确立为党的指导思想，这也对高校思想政治理论课发挥育人主渠道作用提出了新的更高要求。当前，最重要的任务就是深入贯彻落实党的二十大精神，全面推动习近平新时代中国特色社会主义思想进教材、进课堂、进头脑。坚持理论创新与实践发展的互动，将习近平新时代中国特色社会主义思想、习近平总书记系列重要讲话等全面融入思政课教学，以习近平新时代中国特色社会主义思想铸魂育人。

为深入推动习近平新时代中国特色社会主义思想进教材、进课堂、进学生头脑，增强学习的系统性、实效性，落实立德树人根本任务，教育部组织编写了大中小学《习近平新时代中国特色社会主义思想学生读本》（以下简称《读本》），并于2021年秋季学期开始使用。《读本》是学生学习习近平新时代中国特色社会主义思想的重要教材，是推动大中小学思政课一体化建设的重要载体。如何科学合理安排、规范有效落实《读本》教学？上城区各个学校正在进行积极探索。案例5-1-1是省教育厅、市教育局一行到杭州市崇文实验学校对《习近平新时代中国特色社会主义思想学生读本》使用情况进行的实地调研。

案例 5-1-1　**省教育厅、市教育局一行到杭州市崇文实验学校对《习近平新时代中国特色社会主义思想学生读本》使用情况进行实地调研**

2021 年 11 月 5 日省教育厅、市教育局一行到上城，对习近平总书记在浙江的重大实践与视察学校重要论述进课程进教材实施情况开展实地调研。上城区教育局副局长曹婕汇报了《读本》全域使用情况。为了更好地推动党史学习教育和习近平新时代中国特色社会主义思想进课堂、进教材、进头脑，上城区坚持全学段覆盖、全课程覆盖、全方位覆盖，通过顶层设计、横向关联、深度挖掘，真正做到全学段一体化开展、全课程浸润式落实、全方位研训式推进。调研组一行还听了杭州市崇文实验学校教师朱良给学生讲的《习近平新时代中国特色社会主义思想学生读本》第 10 讲“绿水青山就是金山银山”。朱老师与学生们一起重温了时任浙江省委书记习近平在第 37 个世界地球日写给学校“李四光中队”的信，还回顾了崇文的一系列绿色环保行动。在随后的座谈会中，杭州市崇文实验学校教育集团党委书记俞国娣详细介绍了崇文利用党员辅导员讲党课、围圈分享、班队活动、自主学习等方式落实《读本》的特色做法。

（杭州市崇文实验学校）

分析上述案例可以发现，在落实《读本》的过程中学校主要秉持两种思维方式：第一，整合性思维，将课程内容，常规性知识活动与《读本》内容整合；第二，实践性智慧，在课堂活动的设计、课堂辅助内容和手段的选择上凸显实践性。同时基于儿童立场，关注儿童实际，真正做到入脑入心。

2. 将“四史”教育融入思政课教学

思政课和课程思政改革的核心是价值观教育。“四史”学习教育进入学校思政课堂，必须坚持围绕习近平新时代中国特色社会主义思想这一党的创新理论，结合“四个伟大”（伟大斗争、伟大工程、伟大事业、伟大梦想），推动思政课改革创新。以党的优良传统教育学生，引导学生在学思践悟中坚定理想信念，树立正确的世界观、价值观、人生观，做到“学史明理、学史增信、学史崇德、学史力行”。“四史”学习教育融入思政教育，通过历史与现实的勾连，可以帮助学生树立信仰。这有助于增强思政课的亲和力、时代性和针对性，有助于使思想性与学理性统一，有助于增强民族认同感与自豪感，有助于增强青少年对中国特色社会主义道路、理论、制度和文化的认识与理解，从而做到知史爱党、知史爱国。

3. 将对重大现实问题、学生关注热点问题的理论解读融入思政课教学

思想政治理论课具有较强的时代感，但其教学内容又以枯燥的理论知识为主，空洞的说教注定会失去对学生的吸引力。“00后”们朝气蓬勃、思维活跃，但是对国家政治、法治精神等缺乏深刻理解，只有让他们亲眼看见、亲身体验，他们才能有所感悟。将社会热点问题、学生关注热点问题与思想政治理论课紧密结合起来，理论联系实际，重视培养中小学生认识问题、分析问题的能力，可以有效提高思想政治理论课的教学效果。思想政治课教师在吃透教材内容、把握教材精神内涵的基础上，在教学内容上注重引入最新理论成果，引入当前最新的形势与政策的热点材料，引入学生最关心的热点、难点等问题，以鲜活的教学内容回应网络时代对思想政治理论课的挑战。“一带一路”、亚投行、南海、航空事业发展等热点问题都可以纳入思政课的教学内容，从而引发学生的好奇心和兴趣，达到让学生爱上思政课的目的。

4. 将“地域元素”融入思政课教学

随着思政课改革的进程逐步深入，如何创新教学方式受到越来越多教育工作者的关注，思政课堂的趣味性、吸引力不断增强。但值得注意的是，过程有趣不代表实效性强，引导学生内化于心、外化于行才是课堂教学的基点。习近平总书记对思政课提出了“八个相统一”的要求，其中包括坚持理论性和实践性相统一、坚持价值性和知识性相统一，传统的教学模式难以实现这些要求，而当前的思政课教学又存在教学形式单一、内容僵化的困境。因此，教师需要深入挖掘隐藏在身边的特色教学资源，为思政课教法的创新提供新思路。上城区充分利用地域文化，有机拓展思政教学内容，通过“名家大师进校园”活动，邀请各行各业顶尖人物如人民科学家叶培建、航天英雄翟志刚、奥运冠军栾菊杰等走进校园与学生面对面谈理想、谈人生。

二、思政课程的教学方式创新

与高校课堂不同，中小学思政课堂更多应考虑思政内容的严肃性与少年儿童活泼性的有机融合，深入浅出、生动活泼地进行思政教育。上城区践行全时段、多维度思政教育理念，并以教学方法创新为要，抓好“四个环节”提升思政课的亲和力、针对性，旨在以开放的教学方式改变简单化的灌输，提高思政课的教学质量，让学生真正学有所得。

1. 推进“课堂教学模式改革”

广泛开展“案例式、探究式、体验式、互动式”课堂教学模式改革，实现由教师单一主体向教师、学生双主体的转变。思政课堂创新采用翻转课堂、小组研讨、课堂实验、演讲辩论等教学形式，开展“专家同上一堂思政课”“思政研学沙龙”等活动，极大提升学生对思政教学的参与度，提升了教学效果。案例 5-1-2 是杭州师范大学第一附属小学教师戴竞成的“行走”思政课堂情况。

案例 5-1-2　**杭州师范大学第一附属小学的“行走”思政课堂**

思政课不仅仅是简单的知识传授，只有理论与实践相互结合，让学生们有思考、有收获、有共鸣，社会主义核心价值观才能入脑入心。杭师附小以“小学思政教育”为突破口，通过“1+ ∞场域”拓宽红色教育边界。1 间红色校史馆、1 公里红色研学圈、1 小时红色打卡地，与研学活动“∞”的线上红色研学场，让孩子们在红色文化浸润与研学实践中走向成长。同时为更好地挖掘场馆的红色教育资源，发挥杭城红色场馆的教育价值，由学校党支部牵头组建了以党、团员教师和德育骨干教师为核心的“场馆思政”导师团，以思政微课的方式引领学生在真实场景中追寻党的历史足迹，重温红色记忆，让红色场馆成为行走的课堂。在校内外融合的红色场馆学习中赓续红色根脉，厚植家国情怀。

（戴竞成　杭州师范大学第一附属小学）

在杭州师范大学第一附属小学“行走”的红色思政课堂中，教师摒弃了灌输和讲授的方式，更多地从孩子们的视角出发，放手让孩子们去“旅行”，在“行走”中提供各种各样的红色体验，努力让“既有意义、又有意思”的红色教育真正落地落实，形成生动活泼、寓教于乐的新场景、新体验、新模式。学生们对“行走的思政课堂”的方式喜闻乐见，以往他们眼中刻板而又枯燥的思政教育变得充满活力。

2. 做好“学生为中心”的评价模式改革

以往思政课程主要实行以分数为主体的知识性的评价模式，思想政治理论课的教学效果最终要落实到学生的价值观、人生观养成方面，而这和学生的个性丰富与成长密切联系。以“学生为中心”的思政课评价模式注重学生的获得感和成就感，注重学生的成才成长以及学生价值观的建立和矫正、使命担当意识和行为的培养。首先，学生的学习效果是教学目的的最终着力点，这也正是思政教育的初心。其次，学生的参与程度和深度是评价的重要内容。最后，思想政治理论课的教学目标和其他专业课的教学目标区别主要在于，思政课的教学目标价值成分要高于知识成分，因此评价反馈力求多元化。区域内学校广泛推进综合评价，重视对学生的过程评价，加大对学生课堂参与、实践学习、调研论文、小组研讨、成果汇报等的考核比重，在考试中广泛采用开放式命题。

3. 促进“现代信息技术手段与思政教学深度融合”

2018 年 5 月，习近平总书记在北京大学师生座谈会上的讲话中指出：“随着信息化不断发展，知识获取方式和传授方式、教和学关系都发生了革命性变化。”移动互联时代，教学面临着新挑战，也迎来了新机遇，需要新模式和新理念。思政课教学改革也需要与现代信息技术深度融合。上城区大力推动数据驱动下的教育教学改进，思政课堂利用同步课堂、互动课堂等举措捕捉学生在课堂上的学习行为习惯和认知行为，课程结束后能查看到每个学生完成每个问题、作业、微视频、测验等学习任务的情况，通过分析课堂互动过程的动态数据，辅助教学决策。同时，区域内学校也利用“互联网 +”手段，与西藏、青海、新疆等地区开展“空中思政课堂”，突破了时空限制，改变了人员往来的传统送教方式，让受援地师生在“家门口”接受高新、高质的思政教学。思政课借力于信息技术与课程深度融合，让学生“动”起来，使课堂“活”起来、“火”起来，更好地发挥其在立德树人中的引领作用。

三、思政课程的教学管理创新

习近平总书记在 2016 年全国高校思想政治工作会议上强调，要用好课堂教学这个主渠道，“思想政治理论课要坚持在改进中加强，提升思想政治教育亲和力和针对性，满足学生成长发展需求和期待”。思想政治理论课是中小学生思想政治教育的主渠道，事关意识形态工作大局，事关中国特色社会主义事业后继有人。要让学生“真懂”“真信”“真用”，首先要让学生“真学”。严格的课程管理是前提和保障。上城区对思政课课堂教学的精细化管理进行探索，取得了较好的成效。

1. 成立中小幼思政课一体化建设指导委员会

上城区成立中小幼思政课一体化建设指导委员会，统筹中小幼思政课一体化建设领导、指导、咨询、督查、评估等工作。根据不同阶段学生的不同需求，全面树立并践行“大思政”的教育理念，结合中小幼各学段思政课教学目标、课程设置、教学大纲、教材体系和教学内容等要素，统筹建立横向贯通、纵向衔接的中小幼思政课程，实现思政教育和学生发展同频共振。坚持“全程贯穿”与“学段差异”相结合，在更新教育理念、建强师资队伍、开展交流研讨、建立评价体系等方面重点推进，打破思政课条块分割、学段分割的壁垒，使中小幼各个学段知识相互联系和贯通。

同时，为整体推进思政教育优质均衡发展，绘就以立德树人为首的区域教育共富探索新篇章，杭州市上城区教育学院基础教育研究中心成立了新时代课程思政教学联盟，全区 11 所学校成为首批联盟学校。杭州师范大学、杭州市上城区教育学院、各联盟学校联合举办了全国吴山思政教育论坛暨思政课一体化建设共同体联盟活动，进一步落实立德树人的根本任务，共建、共享、共研思政教育发展新思路，共商、共促、共议思政教育改革新趋向，统筹推进中小幼思政课一体化建设，各联盟校通过区域治理协同、多元主体联动，助推集“思政课程、课程思政、活动思政、实践思政、网络思政”为一体的思想政治教育新格局的形成和完善，为思政教育研究的进一步深入发展提供了一个可供参考的范例。联盟的成立有助于充分发挥思政课协同育人的功能，真正形成中小幼思政课资源共享、优势互补、一体发展的良好格局，将开辟全域性、全学段思政教育教学的新格局，推动学校、教师充分认识思政教育重要意义、全力推进思政教育走深走实、努力打造思政教育共富样板，携手创建新时代思政教育新高地，为青少年美好成长打好精神底色。

2. 建立政府、家庭、学校、社会全方位的工作机制

上城区融通校内外资源，让政府、家庭、社会共同参与思政教育实践，形成教育合力。一是区四套班子领导联系学校，每学期都深入学校一线开展走访，把握教育发展动态，引领学校办学方向。二是探索“行走德育”，让社会主义核心价值观成为孩子成长的“芯片”。浙江是中国革命红船起航地、改革开放先行地、习近平新时代中国特色社会主义思想重要萌发地，具备极其丰富的思政教育资源。上城区突破学校围墙，创建了 80 个“行走德育”体验点，让优秀传统文化、改革文化、社会主义先进文化成为一个个可触摸、可展示、可落实的“行走”元素，构建思政教育“网图”（链接 5-1-1 是人民教育特别报道《杭州上城“行走德育”：打造区域全德育场》，扫描二维码即可查看）。三是在全国首创“星级家长执照”工程，引导家长更新教育理念，从只关注孩子的学业成绩转变为重视思想道德素养，为孩子讲好“人生第一课”。

链接 5-1-1
人民教育特别报道《杭州上城“行走德育”：打造区域全德育场》

3. 建好全员思政课教师队伍

2019 年，习近平总书记在学校思想政治理论课教师座谈会上强调，思政课教师政治要强、情怀要深、思维要新、视野要广、自律要严、人格要正。在新时代铸魂育人的要求下，学校需要建立一支爱岗敬业、开拓创新的思政师资队伍，并逐步从思政教师辐射到各学科领域的教师，作为一名教师知党史，明志向，这是时代的要求，是建立高品质现代教育的先决条件。上好中小学思政课，关键在教师。面对开好中小学思政课这一时代课题，杭州市上城区立足区域实际，推动四个统筹，在思政课教师队伍建设中开展了一系列探索和实践。

统筹思政课教师人选。一支优秀的教师队伍是中小学思政课成功的关键，地方教育行政部门必须创新思想，借助一切可用资源，选好配好人员。优化教

师入口，鼓励基层学校积极与高校对接，从思想政治教育、马克思主义理论、德育等相关专业毕业生中，物色适合从事中小学思政课教学工作的优秀人才。优选专任力量，着力指导辖区各校，在班主任队伍及语文、社会等学科教师中，优选政治觉悟、理论素养、人格修养都过硬的教师为思政课专职教师。注重借势聚力，上城区四套班子领导每学期到辖区学校为师生开展党史、时政等专题讲座。区教育局局长也带头进学校上思政课。此外，还特聘当地社科联等部门专家为思政课导师，有效拓展了区域师资的来源。

统筹思政课教师培训。围绕政治要强、情怀要深、思维要新、视野要广、自律要严、人格要正的总体要求，上城区全面加强思政课教师培训。利用好地方资源，有计划地安排思政课教师到嘉兴南湖、义乌小商品市场、小营红巷、安吉“两山”理论发源地等实践基地学习。并与本地高校合作，建立全国首家中小学思政研究院，提升研究水平，形成浓厚氛围。做实日常研训，筹划落实思政课教师到党校轮训、参与志愿服务，切实培养有“政治认同、法治意识、科学思维、公共参与”特质的优秀思政教师队伍。每年开展思政课教师课堂教学比赛，全体校长书记参与观摩，开展优秀教学设计、案例、“一师一优课”等评选，区域内教师在省、市、区各类竞赛中获奖，以评促研。

统筹考核评价及激励机制。上城区在教师成长“五阶段、五梯队、多维度”系列平台中，单列思政课教师维度，在区特级教师评选、区学科带头人评比等方面，全面打通荣誉通道。同时，在职称评审、课题立项、海外研修等多方面，给予倾斜政策支持。为了进一步激励思政课教师，上城区不仅增加了政府投入，还调动了教育基金会等社会力量，为 20 年坚持思政教育的教师颁发“红梅奖”，一次性奖励 5 万元。2020 年 3 月，上城区研究提升中小学思政课教师的奖励性绩效考核机制，统筹短期及长期发展规划。青少年阶段是人生的“拔节孕穗期”，最需要精心引导和栽培，思政课教师责任重大。上城区注意长短结合。短期内，通过存量编制统筹调整等方式，保障专职教师数量。通过课堂教学研究、强化培训等方式，提高教师综合素质。

上城区教育局紧紧围绕习近平总书记提出的“政治要强、情怀要深、思维要新、视野要广、自律要严、人格要正”的六要素，培养新时代下高素质、专业强的“思政金师”，多管齐下，努力打造有区域特色的“思政金师”队伍。

第二节
寻找课程思政的实现路径

⦿

课程思政不仅关注思政教育教学的本质所在，更关注青少年思政素养的培养，同时也为当下思政教育工作指明了方向，是新时代推进思想政治理论课改革发展，更好地铸魂育人、立德树人的重要理念和要求，也是加强和改进学校思想政治教育工作的重大理论和实践创新。在教学一线，要落实好“课程思政”教育的理念，需要注重在理论层面上加深研究，在实践层面加快探索，寻找办好思政教育的有效策略，落实教育人的责任与担当。

一、“课程思政”的内涵要义

“课程思政”教育的本质特征在于目标具有一致性和整体性，内容体现递进性与互补性，方法追求适切性与连续性，评价凸显指向性和多元性，其实现路径主要包括学段融通、学科统整、生活浸润、组织引领、家校协同和社会参与。

多数学者将“课程思政”教育内涵阐释为德智体美劳“五育”协同，全面提升学生素养；以及统筹设计各学段思政教育目标、内容、方式和途径。思政教育活动应体现关联性和差异性，有效衔接，循序渐进；构建课内教学、课外实践等育人途径的贯通体系；培育教师的思政素养，构建涵盖教学、管理、服务等环节的育人格局；打造由家庭、学校、社区、政府共同参与的“思政教育共同体”等。

“课程思政”是学校思想政治教育的新理念、新方法、新格局，坚持马克思主义的整体观，以全员、全过程、全方位为方法论指引，贯通式思考、系统性组织思想政治教育工作，通过工作力量的大调动、资源要素的大调配、体系结构的大调整，促进思想政治教育要素有效整合、体系机制优化完善，实现育人质量和效果的有效提升。

“课程思政”顺应新时代人才培育的目标要求。进入中国特色社会主义新时代，面对世界百年未有之大变局，党和国家从坚持和发展中国特色社会主义、全面建成社会主义现代化强国、实现中华民族伟大复兴的战略高度出发，先后提出立德树人、培养担当民族复兴大任的时代新人、培养德智体美劳全面发展的社会主义建设者和接班人等一系列新要求，为新时代中国特色社会主义人才培养指明了方向。为党育人、为国育才是学校思想政治教育的根本出发点和落脚点。“课程思政”是思想政治教育因事而化、因时而进、因势而新的一项重大改革措施，体现了新时代思想政治教育的大视野、大情怀、大智慧，具有清晰的使命定位和明确的行动指向，将有力促进新时代的人才培养。

综合来看，“课程思政”教育的内涵体现在四个方面：一是大课程，以思政课程为主干，将思政教育渗透和落实到学科课程、文化课程、实践课程等各门课程，形成全课程育人的整体效应；二是大主体，集中父母、教师、公众人物、学生自身、学生同伴等全员育人的主体合力；三是大过程，观照人的成长阶段和历程，构建幼儿、小学、中学、大学等全过程育人的终身教育体系；四是大领域，构建覆盖学校、家庭、社会、网络等全领域的育人体系。

二、“课程思政”的上城范式

在“课程思政”教育落地探索中，杭州市上城区在区域课程建设中将圈层结构理论和协同理论引入思政课程建设，构建圈层式“课程思政”协同育人模式，如图 5-2-1 所示，包括构建圈层式“课程思政”育人主体、圈层式“课程思政”育人课程、圈层式“课程思政”育人课堂，充分发挥以教学名师、示范课程、第一课堂为核心圈层的向外辐射带动作用，加快提升区域“课程思政”的整体建设水平和推进速度。

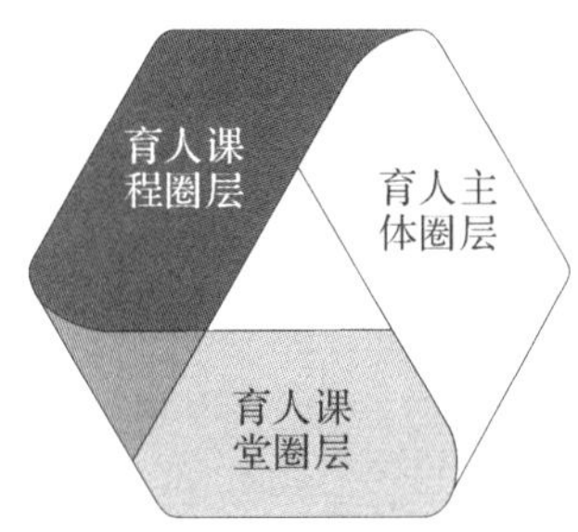

图 5-2-1　圈层协同式“课程思政”教育结构

根据协同理论与圈层结构理论分析，教学名师、示范课程、第一课堂既在“课程思政”建设系统中发挥着示范引领作用，又分别构成了圈层式协同育人主体、圈层式协同育人课程、圈层式协同育人课堂的核心圈层，在课程思政建设中起着至关重要的辐射带动作用。因此，构建圈层式课程思政协同育人模式，一方面要协同调动各种优质资源来夯实教学名师、示范课程、第一课堂三大核心圈层，另一方面要充分发挥这三大核心圈层向外的逐层辐射带动作用，不断缩小各圈层间的差距，从而加快提升课程思政的整体建设水平和推广速度。

1. 构建圈层式协同育人主体

课程思政建设需要借助思政专职、兼任教师和区域研究机构加以实施和推进，因此，必须要建强课程思政的教师队伍“主力军”，重点解决育人主体能力短板和推进不到位的问题。

由图 5-2-2 可见，在圈层式协同育人主体构建中，既要注重教师个体之间的协同与带动，又要加强学科团队之间以及各高校之间的协同与辐射，并最终构建起“核心主体—关键主体—其他主体”层层传导的协同育人主体圈层。

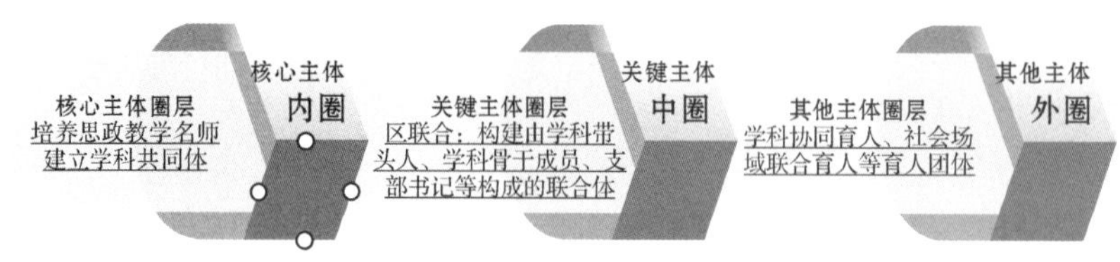

图 5-2-2　育人主体圈层

实现圈层式教师个体协同，构建教师共同体，是构建圈层式协同育人主体的基础和关键。首先构建由课程思政优秀教师组成的协同育人主体核心圈层（内圈），培养课程思政教学名师。根据圈层所具有的波动性特征可知，核心圈层（内圈）的示范作用越大，则圈层向外扩展的速度、力度、广度也越大。因此，区域在推进课程思政建设时，应优先选择教学经验丰富、育人意识强的教学名师、学科带头人等，并由他们牵头开展课程思政研究。建立学科共同体又分为三个方面：

首先，构建同一学科不同研究方向优秀教师的“结合型”育人共同体，协作无主次之分，通过专题式授课形式同上一门课；构建不同学科特别是优秀专业课教师与思政课教师之间的“组合型”育人共同体，协作有主次之分，充分发挥思政课教师在思政教育元素挖掘、融合、设计等方面的指导作用；构建优秀班主任等“融合型”育人共同体，协作无你我之分，充分发挥教师自身一体多面的优势，做好课程思政建设。

其次，构建由学科带头人、学科骨干成员、支部书记等构成的协同育人主体中圈层，培养课程思政教学骨干。通过发挥优秀教师核心圈层的辐射传导作用，紧密结合本学科教学内容、教学特点和话语体系，对中圈层教师进行课程思政培训和指导，从而培养出更多的该圈层骨干教师。

最后，构建由其他各学科任课教师组成的协同育人主体外圈层。通过发挥核心圈层的示范辐射作用和中圈层的传导带动作用，帮助普通教师成长，从而实现整个教师队伍课程思政意识和能力的整体快速且高质量提升。

2. 构建圈层式协同育人课程

从育人课程圈层（见图 5-2-3）来看，上城区在构建圈层式协同育人课程时，既加强了一门课程中各章节之间、同一学科不同课程之间以及不同学科课程之间的协同，使育人课程中的各要素有序组织，做到课程中贯穿的思政教育内容各有侧重，互相呼应、相互印证，从而取得“１＋１＞２”的效果；又打造了学校课程思政精品示范课程，并以示范课程为核心圈层向外辐射带动其他一般课程，以点带面、以优促全，从而实现全学段课程思政全覆盖。

图 5-2-3　育人课程圈层

首先，要精准挖掘教学中的思政元素，包括关于中国特色社会主义和中国梦教育、社会主义核心价值观教育、宪法法治教育、中华优秀传统文化教育、劳动教育、职业理想和职业道德教育、心理健康教育等内容，并将这些思政教育资源精准、有机融入课程内容和体系框架之中，形成隐性思想政治教育资源，从而在整体上完善课程思政建设。其次，加强学科德育体系的打造，在不同学科的教学中关注思政元素的渗透。最后，加强不同学科课程间的协同，打造校本德育（思政）体系，将课程思政融入教育教学的全过程。

3. 构建圈层式协同育人课堂

育人课堂圈层（见图 5-2-4）以第一课堂为核心圈层，建立教学目标、教学内容、教学方法、考核方式之间的矩阵关系，推动课堂教学各环节的协同联动，将课程思政元素有机融入课堂教学全过程。同时，加强第一课堂向第二课堂的传导辐射，将“读万卷书”与“行万里路”结合起来，打通第一、第二课堂间的教学“主渠道”，形成第一、第二课堂的育人合力。

图 5-2-4　育人课堂圈层

上城区践行全时段、多维度教育，守好思政教育阵地，也从以下几方面作出了努力。

思政课教学观念全面转变。“思政课堂”“课堂思政”同发力，推动全学科思政，全员育人，通过一系列举措孕育出一批像全国“新时代好少年”俞果这样的优秀典型。

思政课教学内容有机拓展。通过“名家大师进校园”活动，邀请各行各业顶尖人物走进校园与学生面对面，如西湖大学校长施一公走进校园，讲述爱国情怀等；地方思政读物《红船精神领航中国梦》、校本教材《G20 知识小学生读本》和《“一带一路”青少年普及读本》等有效融入课程体系，让思政课堂更丰富多彩。

思政课教学方式百花齐放。教师通过“时事演讲”“模拟法庭”“情景表演”等载体，让思政课堂灵动起来，学生在体验式学习中愉悦地接受思想政治熏陶，思政课程达到润物无声的效果。

在育人课堂圈层的建设中，上城区融通校内外资源，让政府、家庭、社会共同参与思政教育实践，形成教育合力，让社会主义核心价值观成为孩子成长的“芯片”。

三、“课程思政”的实施路径

办好教育事业，家庭、学校、政府、社会都有责任。学校要把立德树人融入思想道德教育、文化知识教育、社会实践教育各环节。上城课程思政教育实践了很多年，1.0 版本依托阵地课程如小学的道德与法治、初中的社会与历史学科开展思政教育，2.0 版本依托全学科育人，开展思政教育，到如今的 3.0 版本“三全”（全员、全过程、全方位）开展课程思政教育，从思政课程走向课程思政。从学科思政到课堂思政再到课程思政，上城探索从未止步。

1. 学科思政，筑牢“课程思政”教育主体性育人阵地

长期以来，思政教育存在学段割裂的现象，主要表现在各学段教材内容不系统、不连续、不协同以及存在结构性重复；思政教育实施各自为战，成效不显著；思政教育评价体系形式化严重，收效甚微；思政教育实践育人体系脱节现象严重；思政教育队伍体系配比不达标，专业素质不过硬；思政教育各学段整体上缺乏完善的保障体系。因此，思政教育必须打开学段之间的绿色通道，形成大中小幼在教材、教学、评价、实践、师资队伍、保障体系等方面的全方位融通。

杭州师范大学第一附属小学在学科思政方面做了很多的思考，打造“三全三地”思政教育新样态：①全域联动，搭好思政教育研究高地；谋划顶层设计，建立合作智库，联动多方力量，规划思政场景。②全科协同，守好思政教育学习阵地；架构红色教育课程体系，提炼“五环节五课型”思政课教学范式。“五环节”具体表现为“课前导学—问题热议—班级共鸣—反馈内省—实践延

伸”;“五课型”具体为“主题思辨课”“实践体验课”“项目研究课”“角色演绎课”“影视赏析课”。③全程助力,建好思政教育评价“智”地。因地制宜,打造思政研学网图,改变学校教育生态,拓展教育时空。全域联动搭高地是管理机制,全科协同守阵地是运行机制,全程助力建“智”地是评价机制(见案例 5-2-1)。

案例 5-2-1 杭州师范大学第一附属小学“学科思政”课堂

“党和人民心连心”选自《读本》(低年级)中的第 2 讲——“一心跟着共产党”。本讲设置的目的是让学生明白中国共产党的初心和使命是为了中国人民的幸福和中华民族的复兴;理解中国共产党坚定忠诚地以行动诠释着初心和使命,增强对中国共产党的热爱,激发对中华民族的自豪之情,从小树立听党话、跟党走的意识。通过课前导学,使学生增加对《读本》中优秀共产党员故事的了解,关注身边的优秀党员事迹,萌发敬仰之情。围绕“为什么说党和人民心连心”这一问题,在“红色故事分享会”上展开热议,了解中国共产党始终坚守并践行着自己的初心、使命,赢得了广大人民的衷心拥护和支持。伴随着建党百年的历史时间轴的展开,配乐播放党员群像照片,激发情感共鸣。通过“了解了这么多优秀党员和模范人物的感人事迹,你有什么感受?”这一问题的引领,促进学生主动发展,增加敬仰之情。通过“童心向党 · 致敬榜样”的一系列课后延伸活动,引导学生继续走入红色场馆,走近榜样,关注优秀党员身上宝贵的精神品质,激发对中国共产党的热爱之情及民族自豪感,表达对优秀共产党员的敬仰之情。

“党和人民心连心”这一课的学习,使学生在对不同人群的了解中,建构自己的成长榜样;通过师生、生生的互动,感受优秀党员和先锋模范的精神品格,树立一心跟党走的意识,学习榜样,成为榜样。

(戴竞成 杭州师范大学第一附属小学)

这是一节聚焦价值引领，孕育爱党思想的课。戴老师立足任务驱动，通过学生自主学习，结合重点讲解和引导，围绕习近平新时代中国特色社会主义思想，凝练学习要点：中国共产党的初心和使命是为中国人民谋幸福，为中华民族谋复兴。教师充分利用校内外红色场馆，拓展资源强化《读本》主题内容，让“党”与学生亲起来。红色场馆的参观、资料的收集、对身边人的采访，本着从学生的现实生活经验入手，让学生从生活中获得初步的感受和认同，搭建学习支架，重视学生的亲身体验和实践，强调学生间的分享、讨论和交流互动，注重引导学生思考，在学习过程中不断体会“党和人民心连心”的内涵，培养对党的崇敬和感恩之情。整堂课将学习要点自然融入学生的学习理解之中，实现情感体悟和思想启发，从而培养学生对党的政治认同、情感认同、价值认同。

2. 课堂思政，落实“课程思政”教育学科化育人阵地

在打造思政主课堂阵地的同时，做好学科德育工作也是落实课堂思政的重要环节。学科跨界互联，实现教学内容、人力资源、教育技术等多方统整，有利于提升“课程思政”教育的整体效益。教师的课程角色行为在学科统整中不断改进，从而真正实现协同育人。

例如，英语是一门语言类学科，是重要的交际工具，如何在中小学学生启蒙阶段，既打好英语学习的基础，又落实好社会主义核心价值观的教育，就需要教师充分发挥教材对学生的引领和熏陶作用，让英语课也成为落实“课程思政”的育人阵地（见案例 5-2-2）。

案例 5-2-2 杭州师范大学第一附属小学“课程思政”课堂

“Mid-Autumn Festival”（中秋节）是 PEP 人教版英语六上第三单元“My weekend plan”（我的周末计划）中 B 部分“Read and write”（读

与写）中的一篇日记。从文化情感目标来讲，本课的学习主要是让学生更多地了解 Mid-Autumn Festival（中秋节）的节日特征，以及相关的家人团聚、吃月饼、赏月、听嫦娥故事等一些节日文化。老师通过“What are these holidays? ”这一问题引领，让学生感受中西文化差异，在询问到这些节日的日期时，让学生明白公历和农历的区别。通过展示与中秋相关的图片、视频，让学生了解中秋节赏月、品月饼、赏桂花、饮桂花酒、听嫦娥奔月故事等习俗，感知中秋寓意。通过对 Wu Yifan 的日记的听、读、理解，让学生可以用本单元一般将来时语态描述 Wu Yifan 家人在中秋节的不同活动，并能用完整的句子写下来。学生还可以从补充拓展的学习中，了解中秋名字的由来、吃月饼的由来、跟中秋节有关的神话故事等。同时可以让学生看一看我国各地如何庆祝中秋，了解中华民族传统文化的博大精深。同时让学生讨论“What are you going to do for Mid-Autumn Festival?”并写下自己和伙伴们的中秋节计划，训练学生语言能力的同时，也深植了传统文化的意识。

（唐绮薇　杭州师范大学第一附属小学）

中华传统文化散发着其特有的魅力，展现了各种传统美德，比如爱国精神、优秀品格、传统礼仪、民族脊梁等，传统节日更是中华文化的重要部分。唐老师在教学中秋节这个传统节日的过程中，将传统文化融入其中，不仅能够让学生感受到传统文化散发的艺术魅力，还能够感知到传统文化表达的美德。教师通过对教材中传统文化的挖掘，学生通过对课堂中传统文化的学习，继承与发扬了民族文化。在英语教学中融入传统文化教育，既能够提升学生语言学习的动力，还能够提高学生的文化素养，增强对本民族的认同感和民族文化自信心。在英语教学中融入传统文化教育，让传统与国际接轨，让学生更具世界视野，同时也让世界更好地认识中国、了解中国。

3. 课程思政，打造“课程思政”教育立体式育人阵地

党和政府历来重视组织建设，在青少年成长的不同阶段建立了中国少年先锋队、中国共产主义青年团、中国共产党组织这三级组织。这样的设置，体现了思政教育的一致性和连贯性要求。思政教育工作者应充分发挥三级组织在思政教育中的引领作用。思政教育中，发挥组织的引领作用可以采取多种方式。这里试举三种方式：一是榜样带动，充分发挥思政模范的作用，组织宣讲优秀事迹；辐射思政教育专家的影响，提升思政教师的教育素养。二是团队促动，举行不同学校、不同学段基层组织之间的互助互促活动，促进联动发展，助推思政教育。三是竞赛拉动，举行以思政教育为主题的竞赛活动，引导青少年在思想政治层面“比、学、赶、帮”。在课程思政的建设中，有序、严密的课程组织结构更有助于“课程思政”教育的落地（见案例 5-2-3）。

案例 5-2-3 杭州师范大学东城小学“课程思政”课堂

杭州师范大学东城小学“三全四有五爱”的思政金课（见图 5-2-5），是基于思政教育课程探索出来的校本化课程思政体系，是学校推动“课程思政”教育实施的重要载体。“思政金课”是指杭州师范大学东城小学聚焦小学阶段思政教育爱党、爱国、爱社会主义、爱人民、爱集体的“五爱”核心目标，以有趣、有情、有实、有魂的“四有”设计理念构建的全员、全过程、全方位的“三全”铸魂育人实践新形态。结合东城小学实际情况，从国家基础性课程层面、从党团队同心圆联盟教育资源层面以及社会实践教育层面，提出了国家课程“思政金课”、同心圆“思政金课”和社会实践“思政金课”三条思政育人的新路径；与此同时，“思政金师”培养成为东小又一强师新路径。“金课”与“金师”全面推动学校课程思政教育的高质量发展。

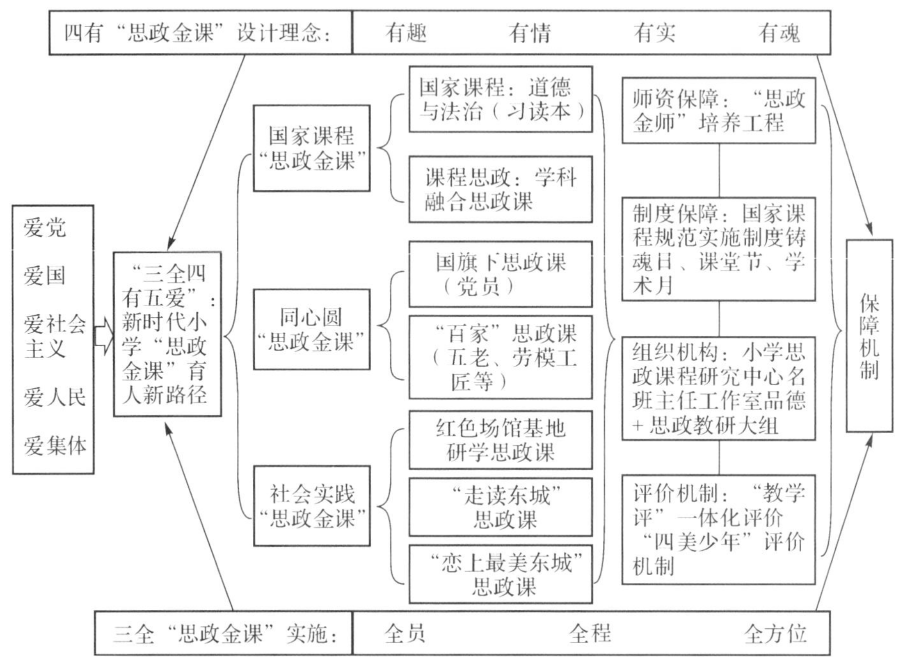

图 5-2-5 “三全四有五爱”：新时代小学“思政金课”育人新路径的东小样式

（王红霞 杭州师范大学东城小学）

分析上述案例，可以看出：东城小学“思政金课”是在新时代背景下对课程思政在课程整合下的新要求新发展。东城小学的“思政金课”关注“五育并举”，落实全面育人，激发办学活力，是学校层面推进课程思政的积极探索。

在“课程思政”的探索中，上城区依据圈层结构理论和协同教育理论，构建圈层协同式“课程思政”教育模式，结合不同学段的德育目标和内容，确定了不同学段思政教育的切入点，将社会主义核心价值观教育贯穿始终，形成以学生生活发展为主线，有序递进、螺旋上升的全程育人体系。上城区的“课程思政”有以下三个特点。

一是横向贯通，全课育人。“全课”包括德育课程、学科课程、文化课程、实践课程。德育课程铸魂，用道德与法治课程理念指导德育活动，活动力求系统、科学、有实效，让学生从中积累道德经验、体验道德情感、形成道德判断。

学科课程启智，利用各学科课程蕴含的思想品德教育因素，引领学生掌握学科知识，形成正确的世界观、价值观、人生观。文化课程润心，文化课程培养学生对民族文化的认同及文化自信。实践课程培根，通过劳动教育及主题实践活动，让学生将道德认知和情感落地为道德行为。

二是全域全员，协同育人。以全员育人导师制为基础，发动全体教师参与思想品德教育，教师全方位指导学生的学习和生活，帮助学生养成良好的品德和习惯。教师以身示范，榜样育人。教师遵守师德，在工作生活中率先垂范，做好品德榜样。班主任抓实班级建设，团队育人，营造和谐向上的班级氛围，精心设计教育活动，培养学生的规则意识与良好习惯。

三是社会共育，活动育人。发动社区“五老”协同育人，利用“感动中国人物”等感人事迹培养学生爱国、敬业等优秀品格。发挥“星级家长学校”指导推动、家庭育人。对家庭教育进行有针对性的指导，邀请有特长的家长入校开设课程，丰富教学资源。重视联动整合，社区育人。利用研学实践基地开展研学旅行活动，联动社区人员、物资、环境等资源共同育人。

“课程思政”教育，指引着新时代中国特色社会主义事业的建设者和接班人的培养方向与路径。“课程思政”应成为思政教育工作的重要理念，引领思政教育工作者的教育行为。上城教育秉持并落实“课程思政”教育理念，从课堂思政到课程思政的圈层协同式“课程思政”教育模式贯穿学生的成长，家校社共同承担教育责任，形成以学校教育为中心，辐射带动学生家庭及周边社区的共进型教育共同体，助力学生扣好人生第一粒扣子。

参考文献

［1］习近平．思政课是落实立德树人根本任务的关键课程［J］．求是，2020（17）：4.

［2］吴岩．建设中国“金课”［J］．中国大学教学，2018（12）：4-9.

［3］新华社．中共中央办公厅、国务院办公厅印发《关于深化新时代学校思想政治理论课改革创新的若干意见》［EB/OL］．（2019-8-14）［2022-09-14］.http://

xinhua.net.com/politics/2019-08/14/c_1124876294.htm.

［4］郝怀银．优化课堂教学模式，构建“研学”高效课堂［J］．江苏教育研究，2017（32）：33-35.

［5］黄元虎．陈萍．李淑弘．“大思政”教育的内涵、本质特征及其实现路径［J］．中小学班主任，2022（04）：74-76+80.

［6］白雪，胡菊华．高校思想政治理论课区域教学协作模式构想——以黑龙江省与广东省为例［J］．继续教育研究，2021（02）：126-130.

［7］高国希．大中小学思想政治理论课一体化建设的思考［J］．思想理论教育，2019（05）：22-27.

［8］刘欣．新时代大中小学思政课一体化建设探究［J］．教学与管理，2021（15）：85-87.

［9］陈萍．以学生为主体的“活动体验型”德育［J］．人民教育，2010（23）：24-26.

第六章

实践的光芒：行走网图的创建与生长

社会主义核心价值观引领学校德育，赋予人才培养时代元素和精神力量，是实现立德树人的重要途径。“行走德育”的价值追求是让社会主义核心价值观成为学生成长的“芯片”。我们借助行走的方式，构建行走网图，力图把价值观与活动实践有机融合，从而在亲历行走中达到“春风化雨，润物无声”的效果。本章从行走德育中的价值之旅、基地建设、网图构建出发，分别概述行走网图的价值导向、行走模式与样态、路线设计等，并概述其整体构想及实践情况。

第一节
行走德育的价值之旅

⊙

2500 多年前, 孔子带众弟子去泗水河畔游春, 最是春光明媚时, 杨柳依依, 草色青青。他们抚琴唱歌, 以“水”畅聊, 聊做人, 聊志向……颇有今日“行走德育”的意味。

行走德育是一门“行走的课程”, 行走德育让“五育并举”落地生根, 又让“生活即教育, 社会即课堂”的理念深入人心。上城区是浙江省杭州市的中心城区, 具有深厚的文化底蕴, 场馆和历史人文资源丰富, “行走德育”指将散落的德育资源串联起来并结合区域力量再挖掘, 构建上城行走德育的价值之旅。这不单纯是“行走”, 更重要的是“研学”, 它让学生走出课堂的“藩篱”, 走向更广阔的自然世界和社会生活, 并从中汲取成长的力量。

一、架构“行走之旅”的价值导向

从打开校园和区域边界, 对区域内各类教育资源进行整体建构, 形成行走网图，并分学段建构研学主题，推动学旅合一、知行合一的“行走德育”实践中可以看出，这类活动对中小学生的意义和影响远超行走本身，以“行走”促“体验”、以“研学”养“德行”，在架构分别以“寻根”“承志”“追梦”“扬帆”为主题的四种研学之旅的过程中所产生的价值，至少可归纳为以下四点：

1.“行走”推动思政课教育

踏访遗迹“触摸”历史、寻找红色记忆汲取信仰力量，参观文博展馆开阔视野……“行走德育”在路线设计中，整合区内思政教育资源，将思政课与社会“大课堂”结合起来，创新开设“行走的思政课”，从而增强思政课的思想性、理论性和亲和力，推动思政课“活”起来，“走”出来。

“行走德育”的价值追求是让社会主义核心价值观成为学生成长的“芯片”，它将领域化的教育目标转化为具象的个体发展目标，明确社会主义建设者和接班人的基本特征。习近平总书记曾在北京大学师生座谈会上的讲话中指出：“核心价值观，其实就是一种德，既是个人的德，也是一种大德，就是国家的德、社会的德。国无德不兴，人无德不立。”道德的养成绝非易事，需要循序渐进，将其内化为精神动力，外化为行动准则。

在行走德育的过程中，学生时时刻刻与他人产生联系，具体表现为协作、分享、交流、评价等行为，而这些行为最终的归结点是对价值铸魂的内化与外显。“行走德育”就是以“价值铸魂”为芯片，以“行走理论”为支撑，以“实施方案”为基础所推出的四大主题的研学之旅，就是将思政教育体系化、本土化、情感化。通过创新形式，推动思政课走出教室，与实践结合、与生活结合，让思政课有声有色、有滋有味，引导青少年扣好人生第一粒扣子。

2.“行走”创生育人课程网

“行走德育”是要让学生亲历德育，要有真实的浸润式体验，坐在教室里不行，局限于校园也不行，只有让学生走出去，走到社会上，走进生活中，行走起来才行。“行走德育”这一创举，正是实践价值观、实践育人观生动而深刻的体现。

行走，不是率性而为，更不是盲目走动。行走的目的是育人，需要精心设计。结合上城特有的南宋遗风、人文地理等特性和风格，设计因地制宜的行走方案，架构起行走德育、价值铸魂、实践育人的图谱。路径一是建立基地。如行走中的驿站，行军中的营房，不同的基地有着不同的功能和使命。浙江省革命烈士纪念馆，让学生知道了什么叫“不忘初心、牢记使命”，什么叫奋斗精神；中药博物馆，让学生体味到中华传统文化、传统医学的智慧，文化自信油然而生；海绵城市展学馆，让学生感受到现代化和未来科技的力量……基地又具有孵化功能，衍生出更多的资源。路径二是建设课程。行走德育只有课程化，才会规范化、结构化和体系化。课程原本就是学生的人生旅程，行走让课程回归原义，让课程更具深意。路径三是设计行走路线图。行走有主题，即寻根之旅、承志之旅、追梦之旅、扬帆之旅，爱家兴国、社会担当、成长之志、报国之行都在行走路上架起了一座座桥梁，让学生领略行走路上的美好风光。

3.“行走”构建德育生态链

要改变灌输式的传统德育方式，就要努力创造一个德育活动良好的环境和氛围，施教者和受教者在双向互动中有一个理想的生态“场”。“行走德育”在实施的过程中，在区内各中小学校的不断探索和实践中，逐步形成了以“体验传统文化之美、传承红色革命之魂、发现祖国建设之策、树立少年报国之志”为总目标的四种研学之旅，推动了“生命教育 + 思政教育 + 创新实践 + 社会协同育人”的教育生态链。

在区域层面，“行走”是深化教育领域综合改革、推进“立德树人”的有效举措，促进了生命教育、思政教育、实践育人的多方结合。平衡、和谐、融洽是行走德育生态链的主要特征，它充分考虑了广大青少年学习生活全面发展的需求、环境对学生成长的影响，体现了以人为本的理念和科学发展观，以及学生在德育环境下生存与发展的状态，是一种可持续发展的德育新型模式。各中小学校在积极参与“行走德育”项目的过程中不断创新育人理念，将“行走”融入育人全过程。“行走德育”不仅为中小学校厚植了成长的“沃土”，也为培育有理想、有本领、有担当的社会主义事业合格的建设者和可靠的接班人提供了平台。

4.“行走”引领学教方式变革

2014 年习近平总书记在北京大学师生座谈会上的讲话中指出：“道不可坐论，德不能空谈，于实处用力，从知行合一上下功夫。”当前，德育教育愈益关注德育体验的有效方式和实践过程的教育成效，但不可否认在传统课程观中，学生被视为被动的“接受者”。学生是知识灌输的对象化的“仓库”，教师是知识灌输的“储罐”。教师的灌输与学生的接受之间形成“银行式”的教育概念。在“银行式”教育概念的支配下，学生对于课程建构的主动性被遮蔽了。学生在课程中的地位被设定为被动地“接受、归档、存储”。

因此，“行走德育”明确学生学习与教师教学的方向——为培养合格的建设者和可靠的接班人而努力。行走德育是对德育方式的变革，德育应是道德学习和道德实践。脱离实践的德育是不成功的，也不是真正的德育。行走德育是在更广泛意义上的学教方式变革。

“行走德育”下的学习发生在情境中，坚持实践育人原则，让学生走出去，行走起来，一是从书本世界走向生活世界，二是从网络世界走向真实世界。行走意味着在实践中探索、体验和创造。行走在大地上，倾听来自历史深处的回声，倾听来自社会主义现代化建设的脚步声，中华优秀传统文化、红色革命文化、社会主义先进文化在行走中都鲜活起来了，并将文化育人定位、聚焦于价值铸魂，这也正是行走的目的。

二、创生“行中学”的范式应用

“行走德育”是一门跨学科活动课程，要引导学生做到“知行合一”，将课堂所思、所学、所感与生活、现实、实践相互勾连，相互印证，在实践中不断砥砺提升自我的道德水准和人生境界。若缺少情感体验和行动体悟，价值观就无法成为准则信念。

“行中学”范式能有效破解这一问题。范式中的“行”是考察探索、价值体认、自觉践行的递进，“学”为检索聚焦——多重体验、成果分享反思积淀的双重循环。二者贯通，让价值观走进学生心灵，以身体之，以心悟之，成为“芯片”（见图 6-1-1）。

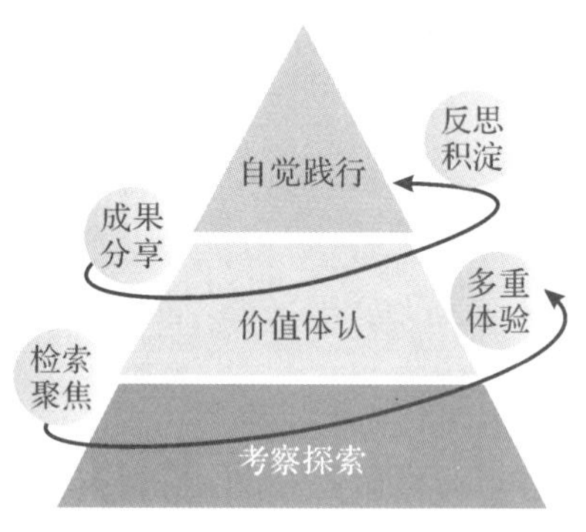

图 6-1-1 “行中学”范式

范式的应用同样强调“价值引领”，也就是根据行走实际，灵活展开“学”的环节，可以从成果分享切入“先体验后概念”，可以从检索聚焦开始“先理解后实践”，还可以变换顺序实施各环节。基于大量典型案例的分析和验证，形成 12 种典型应用。“行走德育”勾连基地与课程，建构了四大主题行走活动，配套设计了 80 条行走路线，打造了实践育人的全新载体。从顶层规划的角度，积极构建知与行相结合、研究性学习与旅程体验相综合、综合实践与社会主义核心价值观培育相结合的行走项目体系。其整体目标是“体验传统文化之美、传承红色革命之魂、发现祖国建设之策、树立少年报国之志”，这也是社会主义核心价值观植入内心并指导、践行的四个表现维度。对应目标，分为“寻根之旅”“承志之旅”“追梦之旅”“扬帆之旅”四个主题，为1—3年级、4—6年级、7—9年级三个学段的学生分别设计行走项目。

1.“寻根之旅”：体验传统文化，提升文化自信

“寻根之旅”旨在强化从传授知识到传承文化的践行。它把优秀传统文化、党史、社会主义发展史教育融入地域文化。

实施时应广泛挖掘学生生活中的道德资源，彰显时代特色。实现从知识了解到文化传播的转变。用“文化体验—文化检索—文化创作—文化传播”四个步骤，引导学生发现文化之美，体验创作之趣，承继文化精髓，激发民族情怀。实践中，这类应用有非遗手作、场馆探宝、诗文随行等，引导学生从知识了解深入文化接力。以诗文随行为例，学生行走西湖，先检索诗词，再现场体会曲院风荷、望湖楼下的美景，进行分享吟诵、绘画、3D印章等活动，最后组织60秒演讲，表达对家乡美景和中华匠艺的感佩之情，积淀文化自信。总之，寻根之旅的关键是要凸显“在路上的探究”，延伸“在路上的体验”。

实践指向：体验传统文化之美，树立国家与文化自信。

着重凸显：文明、和谐、富强、爱国、敬业、诚信。

“寻根之旅”关联路线共20条（见表6-1-1）。

表6-1-1 “寻根之旅”关联路线

1—3年级	4—6年级	7—9年级
东坡与西湖	书院文化行	丝路驼铃
舌尖上的家乡	杭州的非遗故事	镇馆之宝的秘密
杭州的古城门	御街笔记	江南瓷文化
跟着诗词游杭州	走桥读故事	河坊街的老玩意儿
筷子、剪纸和团扇	杭州名人榜	清明上河图觅踪
江南古民居	跟着节气春秋游	运河古今
古法造纸体验行	走读德寿宫	

案例 6-1-1 “遇见宋韵”的行走课程

以“寻根之旅”主题下的宋韵行走课程为例，杭州市南肖埠小学创设以“遇见宋韵”为主题的行走课程（见图 6-1-2）。该课程围绕全学段教学过程，特设教学课时和学生社会生活能力发展两个层面，确立“遇见宋韵”课程的三大项内容序列——人见精神、物见文明、事见真理。尝试从课程建设的旨趣、原则、体系架构、课时变革等多方面建构该校本课程体系，以活动为载体、以研究性学习为主导的学习方式，让宋韵课程拓宽多维的育人空间、实现多元的育人目标、发挥无声的育人作用。

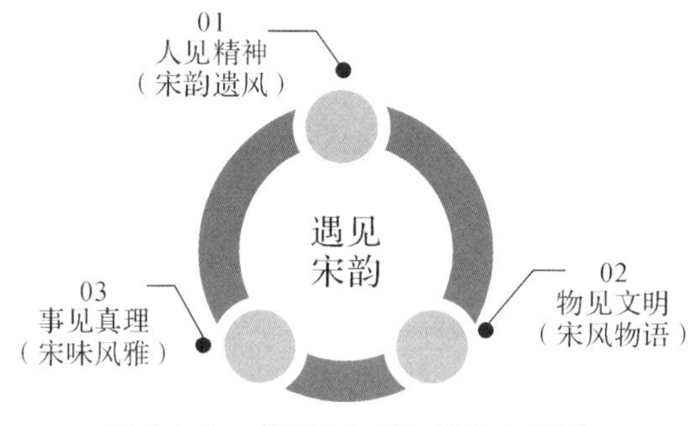

图 6-1-2　“遇见宋韵”的行走课程

（杭州市南肖埠小学）

“寻根之旅”，通过系列活动引导学生回到地域特有的文化之中，寻找精神源头与价值依归，将家与家乡紧密联系起来，在准确寻找到研学活动和家乡寻根的切入点后，组织学生检索相关资料，采访知情人士，开展游戏活动或竞赛项目，展现模拟想象等，实施研学实践活动，将宏观抽象的价值观的教育、精神文化的传承变得更加具体生动而具有可操作性。例如“遇见宋韵”行走课程中，就是以“宋韵”文化为主线，既让点茶、蹴鞠、扎染等宋韵风雅之事外显于形，又让爱国、敬业、开放等宋朝文化精神内隐于心，让学生在行走亲历的过程中，追寻宋朝文化的根。

2.“承志之旅”：追溯历史根脉，传承红色基因

“承志之旅”旨在引导学生从旁观聆听走向知国报国。通过“主题探究—史料解析—榜样追随”，引导学生寻访英雄故事，体悟爱国精神，回望建党历史、建国之路，滋养爱国心。

这类范式中的“主题探究”“史料解析”是两个相互关联的阶段，但指向不同，“主题探究”注重的是问题解决过程中的观察、调查、检索环节，而“史料解析”更强调在交流、分享、辩论中确立观念与信念，教师需要“随时引发学生的申辩思考和创新意识”。具体实践应用中有仪式启航、军营历练和定格演绎等，促使学生把英雄故事、爱国精神变成鲜活的感悟，从旁观聆听走向知国报国。如杭州市回族穆兴小学的“云居山行”路线中的定格演绎——学生分组选定英雄事迹的某个情节，经过自主排练、现场表演、观演点评，最后确定榜样展开行动，就是检索聚焦、多重体验、成果分享、反思积淀、再次检索聚焦的范式应用。

实践指向：追溯党和国家的历史和根源，传承中国革命红色基因。

着重凸显：富强、民主、自由、平等、公正、法治、爱国

“承志之旅”关联路线共 12 条（见表 6-1-2）。

表 6-1-2　“承志之旅”关联路线

1—3 年级	4—6 年级	7—9 年级
云居山行 小营红巷建国路 杭州的党小组 周总理的梅坞茶缘	军营历练 寻找信仰的味道 校史如歌 老兵故事	寻访红船精神 从南京到受降 浙江英烈录 重走长征路

案例 6-1-2 传承夏衍精神的行走课程

杭州市夏衍小学整合学校及属地文博资源，寻找名人信仰的味道，并以“传承夏衍精神”主题活动为载体，构建“印象夏衍”“感悟夏衍”“传承夏衍”三大行走路线，使学生在了解、感悟、浸润中传习榜样的力量，从而诠释新时代的夏衍精神，并将“传承夏衍精神”打造成学校德育品牌。例如，在传承夏衍精神系列行走活动中，依托“爱国和平月”“向国旗敬礼”等主题活动，弘扬夏公的爱国精神；通过“小种子爱心基金”平台，开展志愿者服务，践行夏公的志愿精神；结合社会实践活动，寻访新时代的“夏公”，学习优秀榜样人物身上的优秀品质和模范行为，并进行宣讲，传承夏公的榜样精神；开展“做自己的冠军”系列特色活动，引导学生不断突破自我、挑战自我，具备自尊、自爱、自信、自立、自律的意志品质，延续夏公的拼搏精神。

（杭州市夏衍小学）

“承志之旅”主要通过“主题探究”和“史料解析”两个阶段来实现行走。“主题探究”与研学相结合，从小处入手，例如，从寻访、探讨梅家坞的一壶茶开始，并在史料故事的学习中感知周总理的“梅坞情长”。在“校史如歌”中，给予学生相关校史故事资料，并在校史场馆中，给予对外宣讲的驱动型任务，助推学生在真切的体验中，感知校史文化的丰厚，根植爱校之情。体验加拓展，延续研学，思政得当，学史入心。例如 7—9 年级阶段“寻访红船精神”的研学活动，就是在行走中瞻仰南湖红船，浸润式感知中国共产党诞生的波澜壮阔，重温党的伟大历程。

3.“追梦之旅”：探寻发展之策，力行爱家护园

“追梦之旅”把参观游览变成主动探究，联通课堂与祖国大地、家乡风土，

通过“攻略预设—考察访谈—热点群议—出力献策”，使学生跟随祖国发展的脚步，触摸民族兴盛的脉搏，体会国家政治制度、经济制度的优越，萌发强国志。

在实践中，通过国情体察、城乡互访和社群模拟的应用，交替推进思考与体验，让学生亲身体会国家制度的优越。例如，上城区 46 位 5—7 年级的中小学生作为首批“尚法小达人”，在上城区人民法院开启了探“灋”之旅。实地参观法院，听志愿法官解读大厅浮雕“灋”的意义，观摩法官的宪法宣誓，旁听案件庭审，让行走的学生带着“调解或开庭有哪些流程”“如何区分交往小摩擦和校园霸凌”等问题沉浸式体验，最后创作法治绘本进行宣传。

实践指向：探寻祖国发展之策，身体力行热爱家乡、保护自然。

着重凸显：富强、民主、和谐、公正、法治、爱国、敬业、诚信。

“追梦之旅”关联路线共 24 条（见表 6-1-3）。

表 6-1-3　“追梦之旅”关联路线

1—3 年级	4—6 年级	7—9 年级
粒粒皆辛苦 徒步吴山话古今 走读社区 穿梭：杭城新交通 寻找和谐社区 老街名巷新故事 百年老字号 少年海事营	家乡的河 低碳环保公益行 追寻习爷爷的脚步 湘湖新城 云上的杭州 杭城“金名片” 钱塘工匠录 小记者访两会	绿水青山行 无垃圾生活挑战 智慧农场 古镇新貌 浙江诗路 城乡结对山海情 上城夜市考察 浙商采风

案例 6-1-3　走读杭州的行走课程

杭州采荷第三小学教育集团开设教育“第三空间”，利用社会教育资源，让学生走出教室，融入社会，融入自然，为学生自主探究与实践活动开辟更为广阔的学习空间。走读杭州作为教育“第三空间”的流动课程，主要以杭州的各类资源来开发学生的各项技能。

低学段探究大自然、体验奇妙的四季变化和美丽的杭州地方风光；中学段以历史古迹和名人故居为主，通过探究活动培养学生对祖国历史文化的认同感；高学段结合学生生活实际，培养学生生活探究和解决生活实际问题的能力。其中，“走读名企”是基于杭州丰富的优秀企业资源，以省市地方课程教材中有关企业内容为生长点，注重跨学科知识的相互渗透和有机整合。课程资源依托杭州高科技、创新型优质企业，通过“我是小小设计师”“我是小小调研员”“我是小小策划员”三大主题活动，让学生走入企业、感知企业、了解企业、体验企业，以实践性活动为主要的学习方式，了解杭州名企，感知企业文化，培养学生的民族自豪感，为中国品牌助力。

（杭州采荷第三小学教育集团）

行走德育，行走是载体，教育是内核。“追梦之旅”把参观游览变成主动探究，离开校园的一亩方田，来到广阔世界，让学生去欣赏、去观察、去感悟，学着热爱家乡的美，并学着保护它、建设它、美化它，担起自己的责任。知乡情，品文化。研习家乡百年老字号，走进“张小泉”剪刀博物馆，在行走中感知工匠精神，激发上进心。传乡音，建绿园。在“寻找和谐社区”研学中，积极、认真做好居住社区、公共场所、周边自然景区的绿化、美化、净化，清除或有效归置日常生活中产生的垃圾。懂乡俗，扬美德。在“浙商采风”主题中，通过寻访浙商企业家，感受新时代企业家“历尽千辛万苦、说尽千言万语、走遍千山万水、想尽千方百计”的“四千”精神。

4.“扬帆之旅”：树立报国之志，践行效国之行

“扬帆之旅”旨在引导学生从受益于社会资源的旁观者变成服务于大众的社会人，把个人历练和社会融合在一起，通过“组织筹备—技能拓展—项目实施—交流改进”，培养学生的公德心、责任感，激励报国行。运用时不以完成某

项任务为评价标准，不以财物捐赠为基本要求，重在修炼个人品德，让学生感受到“被需要”“被信任”。

具体在实践中，要以爱心智造、志愿行动、职业体验等应用，来唤醒学生的爱与责任。例如杭州市胜利实验学校的爱心智造应用催生了许多创意产品，为妈妈设计的“声控小夜灯”，给老师定制的“久坐提醒仪”，给奶奶专用的“定时小药箱”等，就源自学生的自主检索、反复试验。尤其是成果发布时的“现场试用”“招标签约”环节，开启了学生新一轮的“行中学”。

实践指向：树立少年报国之志，自主自觉地建德修行、立志践行。

着重凸显：富强、民主、和谐、公正、法治、爱国、敬业、诚信。

“扬帆之旅”关联路线共 24 条（见表 6-1-4）。

表 6-1-4　“扬帆之旅”关联路线

1—3 年级	4—6 年级	7—9 年级
生存实践营 学农正当时 创新小工匠 红领巾义卖 寻找新雷锋 红苹果行动 我用劳动给你爱 我为“女神”送惊喜	南京立志游 勇敢娃娃兵 我是上城志愿者 社区小当家 创业小达人 我为乡村做代言 寻找最赞家训 小鬼当家	战狼计划 影子行动 小河长行动 敬廉崇洁专线 航空探秘行 走进高校 科创企业风云录 寻访劳动模范

案例 6-1-4　“南园莲·十中廉”的行走课程

杭州第十中学以创建“清廉学校”为契机，学校党总支与德育处共同挖掘学校廉洁教育元素，以“南园莲·十中廉”为行走主题，通过规范清廉底线，赋予清廉底色，推动十中“清廉学校”品牌建设的深入开展。

莲养于水：水亦净，水亦善。通过学校史，了解十中代代校友的廉洁思想、修身理念。通过学榜样活动，让学生生动地接受一次接地气的清廉文化的熏陶，从而赋予学生清廉底色。学校为初一学生开展以廉洁为主题的漫画小报评比活动，增强学生的廉洁意识，帮助学生树立基本的是非观念，形成积极的人生价值观。

莲长于光：光是万物之源，温暖且积极向上。学校通过“学宪法、讲宪法”演讲比赛、法治知识竞赛、法治小报评比、法治情景剧演出、设立法治委员职务、圆桌座谈等活动，促使学生主动学法、积极普法，使法治理念深入人心。

莲衬于叶：叶托着莲，包容通达。学校通过星级家长执照、家长学校等平台，助力家长加强合格公民的清廉底线意识，提升家长的道德情操和教育理念。通过弘扬清廉家风教育，赋予家长明理智慧的清廉底色。

（杭州第十中学）

“扬帆之旅”中，学校为学生提供爱心智造、志愿服务、职业体验等方面的资源与平台，为其播撒奉献、责任、勇敢等精神的种子。该条路线的行走中，同样以育人育德为核心。在“寻找新雷锋”研学中，不再局限于打扫卫生、擦拭小红车，而是让学生在行走过程中，体悟“被需要”的成就感，从而更好地树立“奉献、互助、进步”的志愿服务价值观。同时在设计上更注重个人历练和社会融入的有机整合，例如案例所述清廉教育中，既结合校史故事明清廉，又以微项目的方式，多维呈现清廉学习成效，从而让廉洁教育润泽于心。

三、衍生“学中行”的融通教育

行走德育要让社会主义核心价值观落实到育人的全过程中，“行中学”范式不仅要应用于校外活动，还要渗透于学科课堂。“行走德育”视域下的上城学科德育，是将社会主义核心价值观的培育和践行作为有机成分，融入并优化学科学习的过程与结果，继而衍生出“学中行”的融通教育模式。

叶澜教授在《重建课堂教学价值观》中指出：“为实现拓展现有学科的

育人价值，新基础教育要求教师在作教学设计时，首先要认真地分析本学科对于学生而言独特的发展价值，而不是首先把握这节课教学的知识重点与难点。”

依据“价值铸魂”目标体系，挖掘教材中有关理想信念教育、社会主义核心价值观教育、中华传统美德教育、生态文明教育、心理健康教育的资源，并通过情境创设、项目创建、阵地创办三条路径，促进学科融合，推进五育并举，推动行走德育的理念在每个学科、每个教室发生作用，凝练出独特的上城经验。

1. 情境创设：五育融合显育人导向

“五育并举、融合育人”是落实立德树人工作的内在要求，也是核心举措，而现实中五育还存在疏于德、偏于智、弱于体、抑于美、缺于劳等问题，五育工作之间的割裂状况也比较严重。因此，“行走德育”要创设真实情境，并在情境问题的解决中融合五育的要素，为“五育并举、融合育人”提供载体，使主体有可能由此确认自己在有益、明智、健康、美妙、实在地行走。

当然，真实情境问题解决中蕴含的这些可能性要经过教育者的引导，要通过评价导向加以确认、强化并转化为受教育者的经验，其育人价值才能充分彰显。如果评价体系不能鲜明地体现这些价值导向，教育者的实践就很容易偏离五育并举、融合育人的要求。

杭州市天艺幼儿园创设的“宋韵启蒙”行走德育课程中，就充分将“五育并举、融合育人”的理念一以贯之。幼儿园大一班的孩子们通过欣赏宋代名画《清明上河图》，在观察、讨论的过程中，发现宋代人和现代人在穿衣上有着很大的区别，这也调动了他们对宋服的兴趣。借此机会，幼儿园创设真实的园区情境，让孩子们在不断深入探究中，从样式、颜色、花纹、织法等方面感受宋代特有的美学观念、艺术格调、匠心精神和生活风尚，培养幼儿的文化自信与艺术素养（见表 6-1-5）。“宋 · 衣韵”项目化行走课程已成为天艺幼儿园的传统特色（见链接 6-1-1 宋 · 衣韵项目活动视频，扫码即可观看）

链接 6-1-1
“宋 · 衣韵”
项目活动视频

表 6-1-5　宋韵启蒙之宋服行走安排表

	维度	行走方式	育人指向
“宋韵启蒙”行走德育——宋服	德育	通过一件“物”的探究，用亲身体验、动手操作来体味文化中蕴藏的艺术趣味。在交流互动中，学会合作、学会共享	纵观整个制作宋服情境，孩子们都置身于伙伴分享、互助的氛围之中，感知行走的美好
	智育	亲子行走丝绸博物馆，了解宋代服饰的相关信息，班级内分享拍摄的宋服照片和记录表内容	了解相关宋朝服饰的特点，以及与现代服饰的不同点
	体育	利用纸板，设计样式、丈量打板、裁剪布料，最后缝制成纸衣	身体力行，用纸板来设计制作宋服
	美育	用绘画的方式来呈现心中的宋服，并通过展示介绍、推荐评选的方式，来推选班级最佳装饰纹样	通过画笔设计宋服，并绘制宋朝特有的纹样
	劳育	让学生亲历全过程，利用废旧报纸，在报纸上画下衣服的样子和尺寸大小，剪下板衣。随后让学生真实体验“穿针引线”，缝制碎布，感知劳动的快乐	使用废旧报纸，裁剪样衣，并用胶水、双面胶等“缝补”成衣。

该园立足“行走德育”构想，坚守“五育并举”理念，构建一系列“情境化”的德育课程，并以课堂教学为基础、活动练习为实践、跨学科学习为拓展，把道德品质教育、文化素质教育、创新教育、审美教育、劳动教育等融入行走德育活动全过程。同时，将中华优秀传统文化、红色革命文化、社会主义先进文化融入德育与学科教学，全面提升学生核心素养。

2. 项目创建：学科融通显育人素养

项目化学习作为一种学习方式正在改变课堂中的学与教，通过项目化学习践行社会主义核心价值观，不仅让“价值铸魂”有了着力点，也为行走德育的实施提供了新的路径——它将德育化无形为有形，推动学生在学中行，在学中发展思维，在思中塑造德行。

德育与项目化学习的融合，为行走德育提供了一条新的探索路径，它通过真实、有挑战性的问题，推动学生持续性实践，以此达到对大概念、核心知识的深度理解和思维迁移。杭州濮家小学教育集团的《重温红色记忆　牢记初心使命——〈开国大典背后的故事〉红色传承项目化学习》，就是以探究开国大典背后的故事为主线，从人、事、物三个维度出发，通过“穿越虫洞”的设计，带领小学五年级学生重温党史。组织学生开展信息收集、阅读分析、动手实践、制作调研报告、编排历史情景剧等项目活动，建构学生对中国历史上重大事件的基础理解，提升学生的综合素养，发展学生的综合实践能力。

红色文化的传承，是坚定文化自信、加强对学生精神文化引领的重要方法和有效途径。对小学生来说，红色文化中的英雄故事大多离他们的生活较为遥远，仅仅通过讲授的方式很难让他们与这些英雄故事产生深刻联结。杭州濮家小学教育集团用项目化学习创新红色文化传承的方式，可以顺利突破传统德育方式发展中的困境，引领学生的精神成长。学生们借助多种形式，如上网查阅资料、走访退伍军人、参观军事基地等，完成资料收集工作，并在队长的组织下，有序填写了小队活动方案、团队日志、个人 KWL 表。再如基于问题来推动项目进程，如思考“为什么选择五星红旗作为我们的国旗？”“为什么选择《义勇军进行曲》作为我们的国歌？”“五星红旗承载了怎样的历史意义？”“《义勇军进行曲》传递了怎样的民族精神？”让学生带着疑问翻阅历史文献，用课本剧的形式演绎国旗背后的故事。

在项目化学习中，教师要以课程的视角重新思考自己的教学，要厘清课程的目标，寻找核心知识与各学科内容的关系及与真实世界的联系。学生要将核心知识与课程标准融合，打破二者之间的界限，这既可以是对已经掌握知识的运用，也可以是在体验中获得新的知识，甚至要明确与此相关的一系列基础知识和技能以及高阶思维。

在经历了真实、开放的项目化学习的过程后，学生有了一定的学习成果，而学生在这一过程中获得的精神洗礼则有更大的意义。平凡铸就伟大，英雄来自人民，每个人都了不起！明白这些对于学生而言才是最重要的，这也是德育项目化学习的意义之所在。

3. 阵地创办：项目融入显育人机制

浙江省红领巾学院成立于 2017 年，是浙江省少先队为推动改革发展着力打造的少先队思政品牌，聚焦少先队思想引领和政治启蒙，发挥少先队组织优势，构建思政教育大格局。校级红领巾学院和青苗团学院，要全面贯彻“一体化”培养理念，积极探索具有学校特色的党团队一体化新路径，落实“真善美”种子工程。“行走德育”借助阵地力量，统整资源，以项目融入为路径，优化培养模式，充分发挥“红领巾学院”“青苗团学院”的育人作用。

杭州市清河实验学校作为少先队改革的试点和共青团改革的示范学校，近年来通过不断实践与探索，开发形成具有校本特色的红领巾学院课程，以项目化学习为支撑，融入少先队组织的特色理念，通过“理论学习与实践体验”“课堂教学与现场教学”“集中学习与小队研学”“线上学习与线下学习”等行走模式，引导广大少年儿童从小形成坚定的理想信念、高尚的道德情操、强烈的时代责任感和全面的综合素养。

在项目化学习视域下，“红领巾学院”“青苗团学院”课程的实践，采用问题驱动的方式，即把比较抽象深奥的本质问题转化为少先队员感兴趣的问题。例如提供真实的驱动性问题，让少先队员在辅导老师的指导下，分小组进行学习实践。具体来说，队员在已有的驱动性问题下，寻找自己感兴趣的项目，制订项目研究计划，明确分工，收集资料，通过共同研究与合作完成项目任务。以“请党放心 · 强国有我”少先队骨干培训班研学实践活动为例，活动在红色理论课程下，把驱动性问题分解为不同的探究子问题。将队员提出的问题以“问题墙”的形式展示，全员自由选择探究的子问题进行突破。在初心之行中，设计团队结合理论课程内容，结合中国共产党杭州历史馆红色资源，以时代人物为主题，设计行走任务单，组织少先队骨干培训班成员前往中国共产党杭州历史馆参观，通过代入时代人物，带着问题解决疑惑，完成行走任务单内容，深化队员对于红色文化的了解，感悟共产党人为人民谋幸福的初衷。初心之究中，不同人物的研究团队，选择自己的方式加深对初心的研究。如选择从展馆陈列的红色物品入手，小组合作“原物再现”，并以第一人称设计解说词，再现物品背后共产党人的故事，从而加深对初心的理解；或选择展馆中所呈现的一个事件，寻找与事件相关的资料，采访相关的人物，做好资料的整理，全面理解共产党人的初心和使命。“请党放心·强国有我”红色研学实践活动，充分结合了各个学科的知识点，设计团队设计了多个项目实践活动，将零散的学科知识和实践技能有效整合，真正让研学活动的价值得以延伸。

尝试将项目化学习的理念与红领巾学院的建设目标融合，构建相关的操作模式并将其运用到红领巾学院课程的开发与建设中去，让队员在真实的情境中综合运用各种技能去解决问题，完成具有挑战性的项目化学习任务，形成具有创造性的成果，并收获有效评价。借助阵地创建的力量，融入项目推进，是一种新育人机制的尝试。

第二节
从基地创建到共享互联新样态

⊙

“这节课我们就上到这里，课后请各个小组开展校外实践活动。”这样的课堂结语是不是很熟悉？那么学生是否知道去哪里实践及如何实践？实践过程中教师的指导该如何体现？实践成果又该如何评价展现？

行走德育以全员育人为基本要求，以文化浸润为基本导向，以体验教育为基本途径。“行走”是设身处地、亲身经历，也是感悟认同、身体力行。因此通过基地创建和路线开发，打通课堂、学校、家庭和社会场馆、机关企业之间的隔断尤为重要，使区域内的各类教育资源成为“行走德育”的有效情境和载体。“行走网图”通过行动纲要、基地孵化和课程升级实现全域协同、连点成线的德育新格局。统整行政和研究的力量，从基地到网图，实现跨校跨域共享，支持行走实践。

一、基地创建：打造实践中心

“行走德育”基地从建设主体来看可分为三类：第一类是学校共享基地，建设主体是区内各中小学校，以共享德育课程、开放德育活动、共用德育场地的方式，为周边学校师生的1—3课时的半天行走活动提供方便，如杭州第十中学的校史馆、杭州市采荷中学的“蔡永翔国防教育课程”。第二类是传统场馆基地，建设主体是区域周边的各类博物馆、第二课堂活动基地，以其丰富的展品资源、专业的讲解水平为中小学生创设出常规教室无法提供的德育情境，如杭州博物馆、胡雪岩故居、夏衍旧居等。第三类是社会共建基地，由学校、教育局牵头，与社会共建，涵盖了政府部门，如上城区人民法院；企事业单位，如富阳造纸厂、杭州海事局等；社会公益场所，如尚青书院、新起点福利院等；研学旅行服务机构，如浙江中旅集团下设的知行天下研学服务中心。各基地以丰富的资源、多样的互动方式为中小学生提供便利。

基地创建分4个阶段推进（见图6-2-1）。

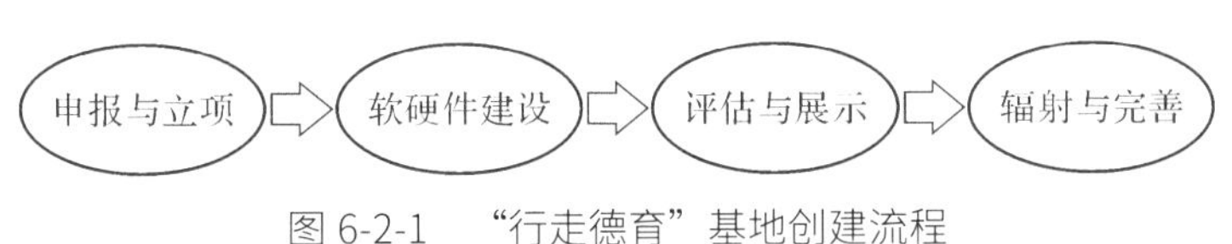

图6-2-1 “行走德育”基地创建流程

依据实际情况，各基地围绕“行走德育”理念进行了各有侧重的创建工作。杭州市杭州中学的校舍是国家级绿色建筑、浙江省建筑节能示范工程，建校之初就设立了“海绵学校”展学馆，向学生展示校内中水回用处理和雨水收集两套水资源回收再利用系统。展学馆申报“行走德育”基地时确定的创建重点是其德育内涵的提升。在区德育研究员的指导下，展学馆围绕“五水共治”主题，遵循“行走德育”理念，利用墙面图文介绍、多媒体展播、立体模型演示等形式，既实现了节水知识的直观学习，又展现了五水共治、海绵城市的蓝图，并向全区中小学生开放，成为2017年教育部中小学党建暨德育工作会议的展示亮点。

杭州市蒋筑英学校内有蒋筑英纪念馆，前后进行了两期创建。第一期着重硬件软装，修缮“蒋筑英故事·星光耀抚宁”等4个主题展区，增设检索科技小实验原理的二维码，让场馆参观变身科海遨游。纪念馆被评为示范基地后，学校利用专项资助，遵循“探究为先”的理念，扩建了“未来科学+”探究厅，开设“小建筑家”“高楼地标建筑”“环保建筑”系列探究课程，凸显“创设问题情境、助推项目学习、强调多元展示”的基地特色。探究厅建成后，3个月时间便接待了上千名中小学生。

杭州濮家小学教育集团笕新小学阳光农场，位于机场路110号楼顶和操场一角，为浙江省农科院现代农业示范基地。阳光农场开辟了面积为1300多平方米的耕种区和养殖区，分灵动小池（水上作物、水产养殖区），缤纷果园（水果培育区），妙趣农庄（农作物种植区），向阳花圃（校花向日葵环形区），猪宝堡（猪圈顶上种甘蔗、中间养小猪、下面是沼气池），瓜果长廊（种植瓜果）等6个区块，模拟农村实景，用水泥做田埂，地下设有自动灌溉系统，班际间采用专门设计的农场标识牌区分，蔬菜采用中英文的标识牌介绍，实施自动化灌溉和生态化种植。学校聘请了省农科院首席科学家、省农科院研究员等为顾问，以绿色、生态、环保为目标，以资源有效利用为载体，以科技创新为支撑，在实践中，开发相关的校本课程，让其成为学生综合实践、科学探究、幸福成长的天地。

杭州市丁兰实验中学就校内低碳博物馆提出了“行走德育”基地建设方案（见案例6-2-1）。

案例6-2-1 低碳科技馆：上城区“行走德育”

杭州市丁兰实验中学低碳科技馆建筑面积100平方米，分为展示区和实践区。展示区包含多媒体设备、城市污水处理系统电子展板、学生科技制作展示柜，可容纳40名学生参观、听课；实践区包含光能发电仪、风能发电仪、水力发电仪、骑行发电仪和3D打印机等，可供20名学生同时进行实践体验。

低碳科技馆由学校德育副校长领导，团委书记为负责人，语文、数学、英语、科学、社会和综合组各一名教师在每周拓展课上进行相关主题的授课，两名团委助理教师在节假日进行实践指导，另有12名学生会志愿者在春秋假和综合实践日提供志愿服务。

低碳科技馆的核心理念是“绿色学习＋低碳生活”，旨在让教育关注自然和生命、着眼科技和未来。低碳生活校本课程紧扣环境与可持续发展教育主题，渐进式地通过四个模块的课程（见表6-2-1）实施，让学生树立低碳意识，养成低碳生活、健康生活的习惯。

表6-2-1　低碳生活校本课程内容

模块划分	课程主题	课程内容简介
必修 模块一	认识低碳—— 共同的家园	引导学生了解全球变暖的趋势，认识碳的排放对全球变暖的危害；通过绿色学校建筑的认识和班级文化的布置，从大家到小家层层递进，树立环保意识和环保责任感
必修 模块二	探究低碳—— 我们在行动	引导学生通过实践活动和课堂学习，结合生活经验，追寻碳足迹，搜索生活中的低碳和非低碳行为，对水资源进行研究性学习，进一步提高对低碳的内涵的了解
必修 模块三	实践低碳—— 做低碳达人	引导学生挖掘衣食住行中蕴含的低碳知识；改善垃圾分类行为、提高废物利用率、填写低碳创意表、开展社区活动等，引导学生在实践活动中逐步了解低碳理念，养成低碳生活、健康生活的习惯
选修 模块四	拥抱低碳—— 心灵的选择	丰富课程内容，坚持“学为中心”“以生为本”的理念，紧扣低碳主题，注重实践性和活动性，采用七选四的菜单形式，表现形式自由，学生可以自主挑选喜爱的活动，自由搭配团队，有利于培养学生自主探究能力和团队合作精神

低碳生活校本课程坚持自愿自主、灵活开放的原则，根据学生的实际情况，实现目标多元、内容宽泛的必修和选修模块教育。课程以学生为主体，充分尊重学生学习意愿，学生可以自由地选择自己喜欢的低碳课程。

在实践区中，引领学生对光能发电仪、风能发电仪、水力发电仪、骑行发电仪和3D打印机等仪器进行操作体验。通过实践探索研究，学生获得了对低碳和低碳生活的个性化的理解，并真正地感受和享受低碳生活的乐趣，使绿色低碳的生活理念从纸上、书上走入学生的日常生活和学习生活。

低碳生活校本课程基于A、B两个维度进行评价，即基于专注（Absorption）+绽放（Blossom）的维度实施课程评价。专注度包括情绪稳定、思考积极、兴趣浓厚、精力集中、精神饱满五个方面，构成课程评价的内在指标。从低碳生活的学习者到绿色生活传播的践行者，由内到外，是绽放，绽放度包括想象丰富、创意新颖、逻辑清晰、表达生动、成果突出五个方面，构成课程评价的外在指标。

学校以课程引领的策略带动生命教育和实践，依托低碳科技馆开展一系列综合实践活动，践行学校绿色低碳功能的有效开发，为学生的可持续发展奠基。

（茅骏成　杭州市丁兰实验中学）

从杭州市丁兰实验中学校内低碳科技馆课程设计方案可以看出，学校紧紧围绕“行走德育”理念，立足学校特色场馆建设，并以构建实践运用为主体的课程作为支撑，形成特色育人场域，向全区开放，实现资源区域共享化。

上城区将“行走德育”的实施路径“以培育促品质，以品质促品牌”作为指导思想，落实“行走德育精品项目创建”活动。结合德育课程建设，通过自主申报与合作开发等形式，培育中小学德育课程基地、第二课堂活动基地、校外研学实践体验基地，实现区内“一校一品”德育课程资源品牌化。

二、网图构建：实现区域联通

行走网图是围绕“体验传统文化之美，传承红色革命之魂，发现祖国建设之策，树立少年报国之志”的目标，充分利用城区地理优势，培育学校共享基地、传统场馆基地和社会共建基地，设计行走路线，生发德育课程，连点成线、连线成网打造而成的区域德育场域，是区域德育规划的新图景。

1. 基地建设形成固定场域

2016 年，上城区以社会主义核心价值观为目标指向，通过自主申报、特色培育、资源共享的实施策略，将目标定为三年内全区中小学校培育 30 个精品德育课程基地——提升学校德育品牌张力，发挥学校品牌影响力；共建 30 个精品第二课堂活动基地——以区域教育课程改革实践为统领，促进学生个性发展、快乐成长为目标，以走读经典、玩转上城为特色，通过与场馆共建共享、共同开发的形式，充分发掘并利用上城区及周边各类博物馆、纪念馆等社会资源，成为上城区青少年学生重要的德育实践场所；开发 20 个校外研学实践体验基地——遴选开发适合中小学生的研学体验基地，打造一批示范性研学体验路线，将其作为理想信念教育、爱国主义教育、革命传统教育、国情教育的重要载体。而事实上，通过三年的努力和“试点 + 精品”校内外教育实践基地的建设，全区域形成了优质资源的整合，远超预期目标（见表 6-2-2）。

表 6-2-2 “行走德育”基地项目典型案例

校内基地	校外基地
少年海事（杭州市大学路小学）	保护母亲河（杭州钱塘江博物馆）
红色研学（杭州师范大学第一附属小学）	领空卫士（杭州笕桥抗战纪念馆、王伟烈士墓）
爱党广场（杭州市笕桥花园小学）	寻找红色基因（杭州革命烈士陵园等）
和合民族（杭州市回族穆兴小学）	最炫民族风（桐庐县莪山畲族乡）
四季节气（杭州市胜利小学）	江南食（中国茶叶博物馆、中国杭帮菜博物馆等）
走桥读故事（杭州市时代小学）	匠心古艺（浙江省博物馆等）
中华茶韵（杭州市紫阳小学）	茶艺小达人（尚青书院）
中药工坊（杭州市澎雅小学）	中医药的奥秘（杭州胡庆余堂中药博物馆）

续表

校内基地	校外基地
“荷韵”剪纸（杭州采荷第一小学教育集团）	剪纸课程（杭州工艺美术博物馆）
“和”文化（杭州市清河实验学校）	最忆杭州（西湖十景）
西湖小记者（杭州市饮马井巷小学）	新闻播报（杭州文化广播电视集团）
禁毒教育（杭州天成教育集团）	禁毒盾［浙江省（杭州市）禁毒教育馆］
影视体验（杭州天地实验小学）	英雄赞歌（杭州近代教育史陈列馆）
“一九〇”传承（杭州市惠兴中学）	勇敢娃娃兵（上城区少年军校总校）
行走社区（杭州市崇文实验学校）	社区文化探索（中国社区建设展示中心）
敬廉崇洁（杭州市开元中学）	清正廉洁（于谦祠、于谦故居）
红领巾创客（杭州市胜利实验学校）	智能机器人（杭州阿里巴巴总部）
海绵城市展学馆（杭州市杭州中学）	未来城市（安吉县余村村、中国水利博物馆等）
夏衍中学校史馆（杭高教育集团夏衍中学）	走进夏衍（夏衍旧居）
低碳科技馆（杭州市丁兰实验中学）	生命课程（中国杭州低碳科技馆）
未来科技+（杭州市蒋筑英学校）	爱国崇学（钱学森故居）
生涯规划（杭州市建兰中学）	职业小达人（中国财税博物馆等）
阳光农场（杭州濮家小学教育集团）	农事课程（校外学农基地）
少年法学院模拟法庭（杭州市天杭实验学校）	小法官课程（上城区人民法院）
怀梦追梦（杭州第六中学）	航空探秘（杭州笕桥抗战纪念馆）
青春学堂（杭州市景荷中学）	青春赞歌（“五四宪法”历史资料陈列馆）
翰墨书香（杭州市金都天长小学）	墨韵怡情（西泠印社）
启志善交（杭州市凤凰小学）	成长礼（杭州孔庙）
伙伴交往（杭州市天长小学）	古宅寻宝（胡雪岩故居）
博雅少年（杭州市娃哈哈小学）	走近大师（中国美术学院、中国美术馆）

2. 路线开发构筑校外场域

“行走德育”路线是围绕“体验传统文化之美，传承红色革命之魂，发现祖国建设之策，树立少年报国之志”的目标，串联基地资源设计的行走建议。截至 2020 年 12 月，有 80 条路线，涵盖 100 余个行走基地。每个目标配套 20 条路线，每条路线贯穿 3—6 个基地。如敬廉崇洁专线，始于杭州市开元中学廉洁教育基地，探访于谦祠、海瑞纪念馆，联通杭州市娃哈哈小学德育漫画基地、杭州天地实验小学影视体验中心，到上城区人民法院开展模拟法庭，充分展开听、画、演、行的体验过程。“小营红巷建国路”主题菜单研学路线贯穿毛主席视察小营巷纪念馆、钱学森故居等（见表 6-2-3）。

表 6-2-3 “小营红巷建国路”之“行走主题菜单”

基地	主题建议 1	主题建议 2	主题建议 3
毛主席视察小营巷纪念馆	演讲：向伟人学什么	课本剧：毛主席视察小营巷	故事会：我知道的毛主席
全国爱国卫生运动纪念馆	调查：社区垃圾分类现状分析与建议	体验：我是红巷讲解员	创意宣传：爱国卫生运动发展历程
钱学森故居	辩论：钱氏祖训的今日启示	创作：我为钱学森画像	体验：模拟空间站的生活和工作

从“小营红巷建国路”之“行走主题菜单”我们可以看到路线联通不同的基地，对应不同的主题选择，开展课本剧、故事会等学生喜闻乐见的活动，让行走变得有趣和有意义。行走德育对应同一目标的路线设计了多个选择。如在“扬立志报国之帆”目标下，围绕劳动实践主题的路线有 3 条。“自理自立”路线包括凤凰小学的新劳动实践中心、杭州市崇文实验学校的社区行走基地、杭州市服装职业高级中学的劳动实践中心、杭州市丁兰实验中学的绿色生态体验园、勇敢娃娃兵研学基地和嘟嘟城体验馆。“传统农事”路线包括杭州市教育科学研究所附属小学的“小火鸡”耕读基地、杭州市胜利小学四季节气体验基地、杭州濮家小学教育集团的阳光农场和八卦田遗址公园。“创新小工

匠”路线则由杭州市胜利实验学校“红领巾创客”学习中心，杭州市蒋筑英学校的“未来‘科学+’探究厅”学习中心、杭州师范大学东城中学的科技创意工场和杭州市城市规划展览馆组成。

“路线开发”把零散的基地资源有序串联，围绕主题拓展行走范围，丰富行走方式，加深体验感悟。另外，“路线开发”促使基地不断完善，从以“配备设施设备”为重心的初级建设深入以“满足学生行走需求，丰富基地德育内涵”为重心的更高级建设。

3. 课程升级营造动态场域

区内各校在长期的德育实践中，对国家德育课程的有效实施各有经验，对校本特色德育课程的建设也各有思路。课程升级是对基地活动的课程化改造。区域遵循“笃行养德”“多重体验”和“跨域协同”的理念，从课程模式设计和教学模式建设两个维度，遴选学校基地原有的优秀项目进行优化，把零散的课程资源升级为区域德育课程群。为了满足学生行走和实践的需要，德育课程不仅要在课程设计上体现“行走德育”的价值取向，还要在德育内容、德育实施和德育评价方面强调价值认同和道德实践的同步发展，尤其要为学生的道德实践创设时空和资源。

杭州市紫阳小学建设的“中华茶韵”课程，原先只服务本校学生，现在每月对外开放半天，周边学校的学生通过“淘活动”平台“秒课”成功后可以免费参加。为了更好地落实共享，配合着汉服、游书院、赛诗词、学点茶、做茶点、敬茶礼的课程内容，学校改建了茶艺教室，购买了不同尺码的男女款汉服，设计了“礼博士”“诗博士”“茶博士”文化章，以晋级式的评价，鼓励孩子们学习传统文化、传承传统文化。学校被评为杭州市“一校一品”非遗课堂示范点学校。链接 6-2-1 是杭州市紫阳小学茶韵文化活动的相关介绍（扫描二维码即可观看）。

链接 6-2-1《童蒙教育，紫阳向未来》

“荷韵”剪纸是杭州采荷第一小学教育集团的共享课程，以传承传统艺术为主线，通过建立学校剪纸博物馆，设立专用剪纸教室，成立“宋胜林剪纸传承工作室”，营造浓郁的剪纸艺术氛围，增强学生美的视觉感受。同时，学校编写了剪纸校本课程教材《剪纸》，以课程为依托，在学、思、创的实践过程中，促进学生艺术能力与人文素养的融合发展。

如此，行走德育网图有效破解了中小学生实践“去哪里？怎么去？做什么？”的难题，打破了传统德育以课堂为主阵地、以教师为中心的局限，联手各部门挖掘资源、整合力量，让学生走向社会、了解社会、深入社会，让德育成为直达学生内心的体验。

三、共享互联：形成实施新样态

“行走网图”的构建，打通了区域内校内、校际和校外的育人场域，通过课程建设、路线完善等，形成了青少年社会主义核心价值观教育实施新样态。

1. 校内基地共享的新样态

区域内学校通过聚焦社会主义核心价值观，根据学校文化、课程、场馆等特色，通过前期自主申报，后期完善改建等，形成可以区域内共享的校内博物馆、特色德育课程等“行走德育”基地项目。案例 6-2-2 是浙江师范大学附属丁蕙实验小学在校内创建生命体验馆的情况。

案例 6-2-2　生命体验馆

浙江师范大学附属丁蕙实验小学坚持秉承以生命教育、生态教育及生长教育为内涵的“三生教育”办学理念来教导学生。生命体验馆以“生命列车”为建设理念，倡导追寻生命之美，在一个小小的生命体验馆中模拟出人一生中可能会经历的灾害，在“身临其境”的参观、学习、体验中受到启迪，掌握知识，学会如何保护自己与有效救助他人，让体验者能够切身感受到“生命列车，再现生命”的内涵。

该生命体验馆可以全天候开放，随时迎接每一位体验者的到来。单次参观体验活动时间约为40分钟，采用丁蕙小小解说员现场解说的形式，带领体验者边走边讲解，再通过现代化智慧媒介的辅助，给人以身临其境之感。同时学校将场馆设置为红领巾实践基地，让前来参观的小队员们能够通过参观增强实践能力，了解急救措施，激发其爱护生命、尊重生命的情感。

作为杭州市红十字会示范学校和上城区红十字青少年关爱生命基地，丁蕙生命体验馆已成为其他省、市、区的红十字会成员以及各类学校师生参观交流的一个优质基地，年平均接待量达到2000余人次。学校在2021年度被认定为省防震减灾科普教育基地。

（吴哲萍　浙江师范大学附属丁蕙实验小学）

上述案例中，学校以社会主义核心价值观为线索、以特色场馆情境为基础，创建德育课程体系，确立指向德育素养的“生命教育”目标，让学生在场馆中游戏，在活动中学习，在实践中发展素养。“主题场馆探寻”就在校园内，又区别于一般的教育活动，以情境互动的体验方式开展，形式灵动，操作方便。校内基地资源共享，不仅进一步促进学校德育“一校一品”的形成，也打通了校际连接，形成互通互融的育人场域，将校内德育资源充分整合，使育人效应得到提升。

2. 传统场馆学习的新样态

《中小学德育工作指南》明确指出要进行中华优秀传统文化教育，即传承发展中华优秀传统文化，大力弘扬核心思想理念、中华传统美德、中华人文精神，引导学生了解中华优秀传统文化的历史渊源、发展脉络、精神内涵，增强文化自觉和文化自信。在实施方式上，要利用历史博物馆、文物展览馆、物质文化遗产和非物质文化遗产等开展中华优秀传统文化教育。场馆学习对进行中华优秀传统文化教育有着重要的价值。因此，结合学校德育工作，加强与第二课堂、校外场馆的合作，充分利用区域内博物馆资源，形成行走德育校外实践基地，十分有必要。案例 6-2-3 是杭州师范大学第一附属小学结合地理优势打造“一公里学习圈”的情况。

案例 6-2-3 “一公里学习圈”

杭州师范大学第一附属小学以“路线图 · 馆学码 · 学习单”为样态，打破学校的界限，打造“一公里学习圈”；以场馆学习为样态，创新实施“行走德育”。

“一公里学习圈”即将学校周边一平方千米范围内的博物馆、展览馆、美术馆、红色教育基地等场馆作为学校进行中华优秀传统文化教育的学习资源，并以此“织线布网”，开展场馆学习。该样态中的“路线图 · 馆学码 · 学习单”是提升中华优秀传统文化教育质量的核心部分。

资源统整：学校周边场馆的类型、馆藏、呈现方式等各不一样，资源庞杂。通过学习图的架构，将这些散乱的资源进行梳理，整合为系统化的网图。

技术赋能：依托二维码技术，开发馆学码，提供影像资料、文字资料，开发成果展示和评价等多项现代化的学习服务，贯穿场馆学习的全学程，实现线上线下无缝对接。

全程助力：制订场馆学习靶向目标，精准施策，设计三种类型的学习单，将学习方式从单一的参观升级至集参观、体验和探究等多种方式为一体的研学活动。

表 6-2-4 “一公里学习圈”课程目标示例

类别	名称	课程目标
历史类	杭州胡庆余堂中药博物馆 中国财税博物馆 杭州孔庙	了解和继承中华优秀传统文化；了解家乡的悠久历史、优秀人才、深厚的文化底蕴，坚定文化自信
自然类	杭州西湖博物馆	通过项目研究等，了解西湖的历史与变迁，体会西湖的价值，提升对家乡的自豪感
艺术类	浙江美术馆	学会欣赏艺术类博物馆及艺术展，感受中华传统艺术形式的魅力
红色类	红色教育基地 清风行走线	在行走中体验社会主义核心价值观“爱国”的丰富内涵，感知红色文化，传承爱国精神

（缪于冰 杭州师范大学第一附属小学）

从以上案例不难看出，场馆学习中丰富的场馆资源，可为学生提供能自由探索、富有创造性的学习环境，以实物展示、活动体验等方式让学生充分感受到中华文化的博大精深。杭州师范大学第一附属小学还在原有基础上，将校外场馆资源引进学校，成立了“少年军事家”微型博物馆，真正将校外场馆资源与校内资源充分融合，进一步打开行走场域（链接 6-2-2 是杭州师范大学第一附属小学“少年军事家”微型博物馆相关介绍，扫描二维码即可观看）。2016 年，《教育部等 11 部门关于推进中小学生研学旅行的意见》出台，鼓励学校积极进行场馆学习的实践。在实践中创新场馆学习的方式，以体验为基石，以情境任务为驱动，让学生在场馆中直面历史文物，多角度观察、多维度思考、多形式感受，全面品味中华优秀传统文化的丰富内涵，不断积淀人文底蕴，形成正确的价值观，“把世界当作教材，把社会当成学校，把天地当作教室”。

链接 6-2-2 “少年军事家”微型博物馆相关介绍

3. 社会共建研学的新样态

由学校、教育局牵头，与社会共建，形成校内校外联动机制，打开行走德育场域，丰富行走德育样式。案例 6-2-4 是杭州市笕桥小学与杭州笕桥机场共建“少年军校课程”项目情况。

案例 6-2-4 少年军校课程

杭州市笕桥小学毗邻杭州笕桥机场，充分发挥资源优势，整合地域资源，创建特色鲜明的“飞翼”少年军校。通过与基地开展密切合作，实现共建共育，不断深化国防教育，将爱国主义和强军强国教育融入德育培塑，深植学生心灵。

学校根据不同年级学生年龄特点，全面构建了“从笕桥起飞”少年军校课程。根据《小学、初中国防教育纲要》，对各年级课堂学习内容进行了整合和提炼，形成“飞翼”少年军校活动课程校本教材。少年军校课程，以少先队活动课为载体，采用“一个中心，一经六纬”的学习模式，即以社会主义核心价值观和中国梦为中心，以少先队活动课程为经线，以军校课堂学习等六项活动为纬线开展学习的模式。六个纬度的学习主要指校内主题实践、军校课堂学习、进军营实践、假日小队寻访、家庭学军日和社区小雷锋等涵盖校内外的立体式学习体验体系。在课程中学生定期走进笕桥机场，参观空军纪念馆，在讲解员的耐心解说中了解人民空军发展历程；观看“蓝天告别仪式”，与空军叔叔面对面，感受老兵精神，接过报效祖国的责任，用实践将人民空军的精神延续。每年 11 月 11 日中国空军节前后，学校都会开展为期一周的国防特色活动周。围绕国防“五小”的内容，邀请军人爸爸进课堂分享军队故事、邀请笕桥部队的叔叔为学生讲解空军历史等，将国防教育与校园活动进行有机结合，建立以“爱国主义”为统领，涵盖校内外的立体式学习体验体系。

通过多年努力，少年军校课程已成为学校的品牌课程，学校被教育部评为“国防教育特色学校”。

（张艺　杭州市笕桥小学）

从杭州市笕桥小学与杭州市笕桥机场共建共育的案例可以看出，学校以社会广阔的资源为基石，用互动、共建的方式为全区中小学生在行走中参观体验、提升自我提供便利。同时，共建单位有拥有丰富相关专业知识的人员，是学校师资力量的有益补充，能让学生享受到更为丰富宽广的教育资源。与社会共建，以互动体验为基石，能促进德育方式转型；建立校内外实践基地，在更为广阔的“行走”间有效促进学生道德养成，促进丰富学校德育品牌形成，实现双赢共生。

从一个个基地的建立，到最终形成区域行走网图，实现区域育人场域的联通，让上城区的中小学生可以选择各类场所实践行走，真正做到全域协同。同时，通过形成一个个独具特色的实施新样态，打破传统德育模式，联合各部门，整合全社会资源，营造出学校、家庭、社会协同育人的良好环境，让德育在更为开放灵动的情景中发生，以体验为基，让德育生根。

参考文献

［1］习近平．青年要自觉践行社会主义核心价值观——在北京大学师生座谈会上的讲话［J］．中国高等教育，2014（10）：4-7.

［2］刘惊铎．道德体验论［M］．北京：人民教育出版社，2003.

［3］吴卓．用项目化学习创新红色文化传承［J］．教育视界，2021（10）：30-32.

［4］胡玉华．基于核心素养的学科大概念及其教学策略［J］．基础教育课程，2021（12）：13-21.

［5］中共中央、国务院．新时代爱国主义教育实施纲要［EB/OL］．（2019-11-12）［2022-09-14］.http：//www.gov.cn/zhengce/2019-11/12/content_5451352.htm?trs=1.

［6］中华人民共和国教育部．关于印发《中小学德育工作指南》的通知［EB/OL］．（2017-08-17）［2022-09-14］.http://www.gov.cn/gongbao/content/2018/content_5254319.htm.

［7］王莺．行走德育：让社会主义核心价值观成为学生成长的芯片［M］．杭州：浙江大学出版社，2021.

第七章

行走的歌吟：美好少年的上城故事

青少年作为国家的未来，不仅要有文化底蕴，更应该具备高尚的道德情操和远大的人生理想。在党团队一体化建设中，要积极引导青少年永远听党话、跟党走，榜样教育作为青少年社会主义核心价值观培养的精神源泉，是他们人生路上的宝贵财富。本章以形式创新、内容丰富、参与充分的团队培养和榜样教育为例，将集体和个人的力量有效融合、优势互补，讲述上城青少年在党的阳光雨露下茁壮成长的故事。

第一节
在团队的培养中成长

⊙

2021 年 7 月 1 日上午，庆祝中国共产党成立 100 周年大会隆重举行，共青团员和少先队员代表集体致献词，致敬党的百年奋斗历程，发出“请党放心，强国有我”的时代强音，充分体现了青少年关乎党的事业后继有人的重要意义，体现了党对青少年的高度重视。共青团自诞生之日起就面临着对青年马克思主义者进行思想道德教育的重要任务，在培养工作中理应有所作为，发挥重要作用。在党团队一体化建设发展之下，在培养少先队员的光荣感、使命感和责任感的过程中，党是核心力量，团、队是主体力量。

一、课堂是团队教育的主要阵地

中国共产党自成立以来，就十分关心中国青年和少年儿童的命运，关心年轻一代的培育和健康成长。共青团和少先队都是在党的亲切关怀和领导下建立和发展起来的。2021 年 2 月，共青团中央基层建设部正式发布《新时代中学团课教育指导大纲（第 1 版，2021 年）》。2021 年 12 月，全国少工委修订并印发《少先队活动课指导纲要（2021 年版）》。可见，积极探索适合青少年身心发展特点的团、队课，教育广大青少年坚定不移听党话、跟党走并努力成长为堪当民族复兴大任的时代新人势在必行。

1. 日常团、队课：立足“大思政”背景

团、队课学习是对团员、队员进行思想政治教育和开展团、队的基本知识教育，提高团员、队员思想理论水平和政治素质的有效途径。春风化雨，润物无声。“把思政小课堂同社会大课堂结合起来”，使现实生活成为团、队课的丰富源泉，这样的“大思政”教育模式会更加鲜活，育人有质有效。

对于身处成长关键期的广大青少年来说，通过理论与实践结合且形式有趣的团、队课对其进行引导，更能让他们打磨自己、找准方向。然而，很多青少年一提起团、队课就有些畏惧：“一堂课内容太多，太抽象，吃不消、不易消化。”“枯燥乏味，听一会儿就要睡过去了……”

到底怎样才能打造出育人导向的团、队课，让青少年从“被动上课”到“主动学习”？

“00 后”“10 后”青少年对新事物有着前所未有的热衷，他们主体意识强烈，不太适应团、队课学习教育的集中化开展。他们大多生活环境优渥，不仅没有经历过艰苦的生活，对于先辈的革命事迹、奋斗历史也了解甚少，对红色基因的内在本质缺乏实践感悟，无法对相关课程内容产生真切的认同感。

新媒体时代，我们可以借助互联网、云平台，打破时空限制，结合少先队员的成长规律，聚焦社会事件的热点、痛点，找到其与少先队员的交集，激发他们爱党、爱国、爱社会主义的朴素情感，开发云队课，全面活跃少先队工作（见案例 7-1-1）。

案例 7-1-1 杭州市—甘孜州两地少先队“云队课”活动

一、我为家乡亮名片，赞美家乡新面貌（10 分钟）

少先队员们通过查找资料或寻访活动，了解家乡的一些基本概况（结合杭州宣传片），重点了解杭州从西湖时代走向钱塘江时代的发展历程。

二、两地少先队员手拉手，沿着习爷爷的足迹，寻访家乡新变化（15 分钟）

少先队员们通过视频、PPT 向大家介绍家乡（结合习近平总书记提出的立德树人根本目的）。从两地特色出发，千里携手共成长，教育共富向未来。

三、感受家乡新变化，祝福家乡（5 分钟）

（一）说一说为了家乡更好地发展，能做哪些力所能及的事，关注环境保护，少先队员手拉手，兄弟地区献爱心，共富路上心连心。

（二）少先队员们表达自己对家乡的感恩和祝福。展示感恩祝福家乡小报，共舞送祝福，并齐呼口号。

（杭州市上城区少工委）

“云队课”活动通过云端同屏连线的方式，杭州市、甘孜州两地同出一面旗，同敬一个礼，两地孩子们共同讲述家乡趣味故事、展示民族舞蹈，用最灿烂的笑容、最童稚的语言，向山海那头的伙伴们传递着情谊。在学校间结对帮扶的基础上，以“云队课”活动为载体，为两地少先队员搭建沟通交流的桥梁，增强少先队员的家国情怀，助力对口帮扶地区协同发展、共同发展。

2. 微型团、队课：立足新媒体矩阵

据调查，上城区团、队课学习教育主力军是中小学思政教师队伍，而在这支队伍中，98%的教师是由班主任、语文（数学）教师兼任的，他们中能根据学生的差异调整思政教育方法，结合红色资源，将团、队课学习教育在教学实

践中灵活诠释的还是少数，绝大部分教师因精力有限，不能很深入地挖掘课程资源，课程内容创新度不高。

在全新的时代境遇下，微型团、队课逐渐兴起并受到学校的重视。区域内各中小学围绕《新时代　好少年——浙江省红领巾学院思想政治课程读本》中的10节思政公共课程开设思政必修课，围绕党团队史、区域特色、时事热点、共青团和少先队工作实际等开设选修课，落实立德树人根本任务，有效拓宽教育传播环境，大大提高思政教育的能效度（见图7-1-1）。

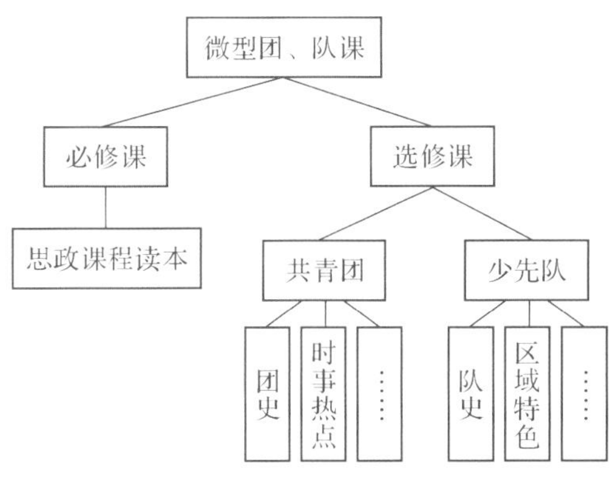

图7-1-1　微型团、队课

微型团、队课更多的是从团、队员身边出发，将复杂的政治理论以更加符合学生认知水平的方式进行呈现，促进不同年龄段的学生对相关知识的兴趣萌发和主动学习（链接7-1-1展示的是一节思政微队课的短片《展望“十四五”“碳”索新未来》，扫描二维码即可观看）。这是团、队培养工作的一个改革创新的尝试，课程短小精悍、形式新颖活泼、内容浅显易懂、效果显而易见，一改传统团、队课的枯燥和单一，深受广大团员、队员的喜爱（见案例7-1-2）。

链接7-1-1
思政微队课《展望“十四五”“碳”索新未来》

案例 7-1-2 重温党史忆初心，奋斗青春担使命

一、重温党史忆初心

从 1921 年建党到今天，中国共产党已经走过了百年的时光，成长为拥有百年历史的大党。仅用 28 年，中国共产党就取得了新民主主义革命的伟大胜利，建立了中华人民共和国；仅用 100 年，中国共产党带领着全国人民完成了脱贫攻坚，使中国发生了翻天覆地的变化。在百年党史中涌现出一批又一批有为青年，他们为党和国家抛头颅洒热血，为祖国和社会的发展拼尽全力。

二、奋斗青春担使命

1. 一九〇故事代代相传

讲述一九〇故事，展现解放军与少先队员的浓浓情谊。从 1955 年到 2021 年，一九〇在惠兴代代相传。

2. 一九〇精神历久弥新

一九〇精神在一代代辅导员、团员和队员身上体现。

(1) 排长史戊辰，用生命捍卫祖国的领土，即使他倒在鲜血里，也要拿下 190 高地。

(2) 第一小队队长葛裕昆一直坚持做公益事业，在自己的事业上也是精益求精，做到极致，把一九〇精神延续到自己的工作和生活中。

(3) 教师李鸿基几十年如一日地热爱这份少先队工作，一如既往地述说着英雄故事。

3. 听青年一代的声音

我们有自信成为更具创造力的青年，这自信来源于我们看过世界的开阔，来源于多元化生活的包容，更来自祖国强大给我们带来的底气。团员们，让我们一路披荆斩棘，让这个时代听到我们青年一代最响亮的声音！

（杭州市惠兴中学）

杭州市惠兴中学的这节微型团课主题鲜明，激发了学生团课学习的热情；形式新颖，丰富了学生团课学习的方式。微型团课推出以来，团员们不再满足于传统的宣讲、授课形式，学生普遍采用广大团员喜闻乐见的形式，包括故事讲述、小品表演、相声、朗诵等，进行了多方面转化的探索和实践，努力达到春风化雨、润物无声的效果。

3. 团、队衔接课：立足一体化建设

2016 年颁布的《中学共青团改革实施方案》和 2017 年颁布的《少先队改革方案》中提出将健全初中团队衔接机制与加强初中少先队和团队衔接工作作为共青团和少先队的重点工作。同时，为了更好地传承红色基因，引导青少年扣好人生第一粒扣子，厚植爱党、爱国、爱社会主义情感，让红色基因、革命薪火代代传承，共青团和少先队应该充分发挥各自的优势，根据团、队各自的特点开展有特色的活动。

少先队员从小学升学到初中新环境后，部分队员在自我发展的定位上感到迷茫，没有目标和方向。同时，由于小升初是学习节奏改变的重要阶段，学习氛围比较紧张，相较而言，少先队的成员组织就显得比较松散，不受重视。

因此，亟须各校在团、队各自开展丰富多样的活动的基础上，衔接团队，用系统化的校本体系来支撑这些活动，并通过活动的开展逐步呈现团队工作的连续性、层次性和递进性（见案例 7-1-3）。

案例 7-1-3 “一心双环”团队衔接课程

作为一所九年一贯制学校，杭州市天杭实验学校少先队在共青团的带领和指导下，与共青团共同实施团、队衔接的管理体制建设。但仅依靠校团委、少先队的力量是不够的，校团委、少先队根据“队为主体，团为核心”的原则，针对六、七年级学生的年龄、身心发展、组织心理特点，每年都聘请班主任为团队辅导员，让辅导员来指导团队活动，实

行六年级强队、七年级建团的组织机制，加强团、队组织的建设和管理，从而保证团、队活动的落实（见图 7-1-2）。

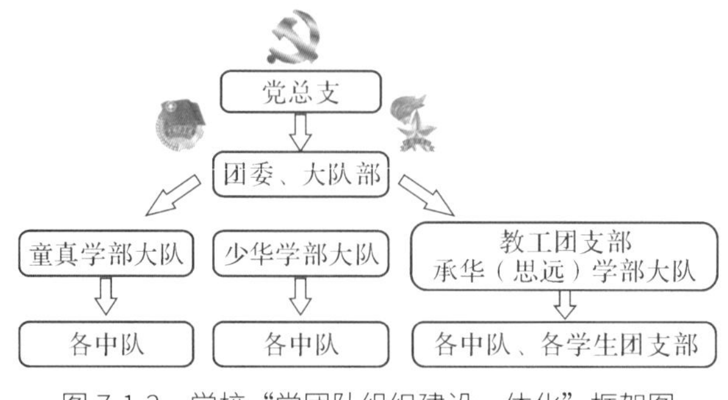

图 7-1-2　学校“党团队组织建设一体化”框架图

同时，学校的高学段校区将少先队队室和团员活动室整合，打造了具有学校特色的团、队活动室。团、队活动室是少先队员和共青团员自主成长的空间，也是团员、队员们成长和学习的多维空间，更是他们展示成长的舞台。

为切实加强和推进学校团、队衔接工作的系统化和规范化，学校开设“一心双环”团、队衔接课程。“一心双环”是指在学校党委的领导下，以团委为课程学习的中心和枢纽，以学生会等校级组织为学生自我教育、自我管理、自我服务、自我监督的主要组织，以学生社团及相关组织为外围延伸手臂的新的学生干部组织格局制度。在“一心双环”课程中，校团委和大队部组织六、七年级中的优秀少先队员、预备团员和学生干部进行能力提升的系列培训以及学生社团建设和管理的系列培训。

（杭州市天杭实验学校）

共青团、少先队活动要体现时代性、把握规律性、富于创造性，这是党的要求，也是实施团、队衔接教育课程的关键。针对团、队衔接的特殊性，杭州市天杭实验学校设计了丰富多彩的团、队衔接课程，如“大手牵小手　团、队共成长”主题教育系列活动、“团、队携手　志愿服务”活动、“建队日”等仪式品牌活动。这些主题活动的开展，增强了团、队的凝聚力，大幅度地提高了团员、队员们的积极性。

二、活动是团队教育的主要形式

教育是人类传承文化、创造知识、培养人才的活动。教育是在师生相互活动中进行的，许多教育家都提倡在活动中教育学生。法国教育家卢梭提倡“让儿童通过实践活动和接触实际事物获得知识”；中国教育家陶行知提倡“生活教育”，更强调学生要以社会和生活为学习对象，并在生活中学习。学校、教师要为青少年创造活动的环境，组织他们积极活动，使青少年在活动中懂得自己的责任，培养起责任感；在活动中学会与同伴沟通与合作，养成各种社会品质。

1. 仪式活动：价值传递

“仪式”在《现代汉语词典》中解释为“举行典礼的程序、形式”。仪式教育广泛地存在于学校教育中，大大小小的仪式很多，是学生校园生活的重要组成部分，也是学校文化的重要载体。仪式本身是一种教育，利用仪式能营造出特殊的体验空间，青少年在仪式中触及心灵，感受和体验无法言传的意义。那么如何巧用仪式发挥育人作用呢？

以升旗仪式为例，当所有人面向国旗立正，以注目礼或队礼作为特定的行为，播放或演奏雄壮的国歌乐曲渲染特定的气氛，这就营造了一种特定的心理氛围，引导人们产生某种特定的无意识心理倾向。在团队教育中，入团仪式和入队仪式正是很好的契机，让学生全员参与，感知体验，凝聚精神。在仪式的设计中巧妙融入学校特色，关注氛围的创设和细节的布置，在学生的心中种下政治启蒙的种子。

杭州市采荷中学每年都会举行“蔡永祥英雄中队、英雄团支部”命名仪式暨“我的 14 岁生日”新团员入团宣誓仪式。蔡永祥烈士生前所在连队的班长受邀来到学校，为同学们讲述英雄故事，希望同学们秉承少年英雄志。随后，在学校大队辅导员宣布离队决定后，八年级队员们全体起立，面向队旗，庄严敬礼，随后不舍地摘下脖子上的红领巾，小心翼翼地放入珍藏盒中。与此同时，新团员们怀着激动与喜悦的心情，有序上台，面向团旗，光荣宣誓。

杭州市丁兰第二小学结合儿童节和建党节，在一年级入队仪式后，全体少先队员们进行热闹非凡的拉歌活动，共同庆祝小队员们的入队。同时，在活动现场组织孩子们捏泥人、造红船、过草地，模拟重走长征路，走一走这意义非凡的红色之旅。

习近平总书记在庆祝改革开放 40 周年大会上提到，“建成社会主义现代化强国，实现中华民族伟大复兴，是一场接力跑”。在入团仪式和入队仪式的背后，每一个程序、每一个行动都充满着感染力。作为新时代的追梦人，每一个在仪式活动中成长的上城少年都将在党团队的照耀下努力奔跑，一棒接着一棒跑下去，牢记誓言，不忘初心，砥砺前行，做新时代的好少年。

2. 校本活动：一校一品

对青少年进行价值观塑造，将他们培养成担当民族复兴大任的时代新人，是当前社会特别是教育工作者的神圣使命与责任所在。与时俱进、因地制宜地培育青少年的家国情怀，使其将人生志向与中国梦紧密相连，是思想政治教育历久弥新的永恒主题。在中国特色社会主义新时代，青少年教育思想一方面体现了党致力于经济社会发展需要的客观现实思考，另一方面显现了党对青少年自由全面发展的人文主义关怀。在校本特色活动中弘扬社会主义核心价值观，是塑造时代新人过程中团、队教育的重要作用的体现。

“尊重生命，以爱育人。融在一起，爱在一起。”这是杭州市杨绫子学校青年融爱之家的口号。在这所特殊学校中，诞生了一个以青年团员教师为主体的团队，培育了融爱绘本馆、悦品书香读书会、太阳公益美术课、就业指导帮帮团、融爱购购购等校本特色活动。它将志愿服务和特殊教育融合在一起，利用多种形式开展与特殊儿童和特殊需要人群有关的爱心融合活动，定期向身心障碍者推出就业指导、课程培训、社团活动及一些党团队知识的普及，在他们感受社会爱心的同时，帮助他们掌握适应社会、适应生活所必需的一些知识和技能，发展他们的思维、情感，培养价值观，让他们更好地融入社会当中并有能力反馈社会。

坐落在杭州市笕桥机场附近的杭州市笕桥小学，以“飞翼”文化孕育出“15 分钟少先队活动圈”。这是一个以队员为主体的，15 分钟内能到达的，能够满足队员学习、实践的活动圈。活动圈以学校“飞翼”少先队育人体系为引领，依托地域文化和家校社三方联动，实施思政教育小课堂、终身学习大课堂、家庭教育微课堂三大活动。自项目实施以来，学校积极建成特色教育阵地，研发校本思政教育课程，极大丰富了少先队活动，进一步引领广大少年儿童赓续红色血脉，树立远大理想。

基于学校的团、队活动设计，不仅是学校精神风貌、办学理念和人文精神的具体体现，更是党团队历史和学校文化的浓缩和提炼。创新活动内容，拓展活动领域，建好活动载体，打造“一校一品”团队活动，上城在路上。

3. 研学活动：自主探究

2022 年政府工作报告提出，要继续做好义务教育阶段减负工作。随着“双减”政策的出台，学生们对寓教于乐的课外素质拓展需求越来越大，这给了研学实践更大的舞台。

青少年是研学实践的主体。青春期是人发育过程中至关重要的阶段，尤其在个体的身心发展、性格塑造等方面，研学实践会对青少年产生许多影响。正所谓“读万卷书，行万里路”，要想开阔眼界，增长知识见闻，最好的方法就是研学实践。研学不仅能够丰富课余生活，还能补充和巩固课本知识，提高学习兴趣，增强学习效果（见案例 7-1-4）。

案例 7-1-4 走进大师工作室学党史

杭州工艺美术馆二楼是一处鲜活的手工艺遗产馆，分成多个小间，一字排开。每一间都是大师的工作室，内容包含刺绣、陶塑、雕刻、剪纸等，现场会有大师在创作。参观走访了遗产馆群落后，队员们来到了非物质文化遗产钱塘剪纸项目传承人方建国的工作室，开展了以“庆祝建党100周年”为主题的剪纸体验研学活动。

聆听讲解，了解百年党史的重大事迹。秀水泱泱，红船依旧；时代变迁，精神永恒。方爷爷向队员们介绍了百年党史的重大事迹，亲自示范制作了“红船启航”“建立新中国”“红花献给党”等系列主题剪纸作品，一张小小的红纸，在方爷爷手中一分多钟就变成了生动形象的“一大”红船。一百年前，小小红船承载着民族希望，一百年后，小小少年承载着未来之光。

学习剪纸，创新党史学习教育的方式。在方爷爷的指导下，队员们也拿起手中的剪刀和红纸，个个学得认真、剪得仔细，他们不仅了解了剪纸艺术，还深深喜欢上了这门传统技艺。他们和方爷爷一起将传统的剪纸技艺化作一股红色的文化力量，创新党史学习教育方式，让党史看得见、摸得到，助力党史学习教育“活起来”“动起来”。

交流展示，坚定队员心中的理想信念。队员们学习体验了剪纸技艺，随后，队员们和方爷爷一起欣赏自己的剪纸作品，方爷爷又向孩子们介绍其他剪纸作品的历史背景。这是一堂生动的红色教育研学课程，使队员们了解了中国共产党带领人民不懈奋斗的艰难历程，感受到星星之火如何呈现燎原之势，让队员们理解了理想信念的巨大力量与今天幸福生活的来之不易，更感受到当代中国少年的责任与力量。

（杭州师范大学第一附属小学）

用红纸传递精神，用剪刀践行初心。此类研学实践活动，不仅提高了队员们主动探究、合作交往、团结协作的能力，更重要的是青少年在非遗项目——剪纸艺术的学习研究中，了解了党的百年历史，用自己的剪纸作品献礼中国共产党百年华诞，并立志从现在起刻苦学习，增强本领，长大后也要加入中国共产党，为祖国建设添砖加瓦。

沐浴在党的阳光雨露下，上城区的广大青少年正沿着队、团、党这三个成长台阶，走出最耀眼的生命成长轨迹。党带团、团带队，红色教育在团队之间与党团之间顺利衔接，爱党爱国的红色种子正在青少年心中生根发芽，担当民族复兴大任的时代新人正茁壮成长。

第二节
在榜样的感召下行走

⊙

社会主义核心价值观代表了我国最先进的价值观念，它的提出对中小学思想政治教育的深度发展有着重大意义。当今中国社会价值观受外来思潮影响，呈现多元化趋势，以社会主义核心价值观来引导中小学生思想政治教育，对中小学生的政治思想、道德品行等的形成与发展具有实效性。社会主义核心价值观不是一日形成的，提升中小学生的综合素质是一项系统工程。

中小学生综合素质的提升，离不开榜样的引领与教育。长久以来，中小学充分利用榜样的示范作用，积极宣传、引导学生学习榜样人物的先进事迹、崇高品质。新时代榜样教育以中小学生为主体，指包括家庭、学校、政府、社会等在内的各主体，在符合中小学生成长规律的前提下，通过多种途径让中小学生了解榜样、学习榜样的精神，帮助中小学生树立正确的榜样观，从而形成正向价值观，对未来发展发挥积极作用的过程。

一、榜样是学生成长的精神源泉

榜样是指作为仿效的人或事例，包括伟人的典范、学生中的好样板等。它本身具有生动鲜明的形象。榜样教育一方面能引导受教育者学习榜样的模范行为，另一方面能激发和强化受教育者的道德行为动机，净化和提升其思想境界。

榜样是社会发展的不竭动力，也是社会形成良好风气的风向标。新时代，中小学的思想政治教育工作除了要进行理论上的教育，还要利用中小学生身边的先进榜样对中小学生进行榜样教育。深度开展中小学生榜样教育已成为中小学思想政治教育的首要任务，所以要发挥社会主义核心价值观在榜样教育中的引导作用，在中小学中培养一批积极地践行社会主义核心价值观的榜样人物，不断提升中小学生榜样教育的实效性，为中小学生榜样教育开辟新的路径。

榜样教育是内化与外化的过程，只有做好将有价值的社会意识转化为受教育者的个体意识的内化过程和将受教育者的内在思维转化为外显的实践行动的外化过程，才能做好榜样教育。内化和外化都是受教育者的心理活动过程和不断社会化的过程，提高榜样教育的实效性不仅需要正确、稳定的理论作为指导，还需要不断汲取不同学科的相关理论来丰富和完善榜样教育的体系。

中小学开展榜样教育的核心用意在于以高尚的人格感染其他个体，以规范的行为教育人，以优秀的事迹鼓舞人。相较于单一的课堂教育、宣传教育，榜样教育在学生认知、内化与践行层面都有着独特的积极意义，因为榜样是从日常生活中发掘出来的优秀案例，个人可以直观认识和接触并主动接受和学习；学习后将其优秀品质内化，并在日后的生活学习过程中加以实践应用，实现个人在榜样效应下的自我完善。

中小学生社会主义核心价值观的培育和践行是思想政治教育工作的重点，中小学校应结合自身办学特色，从学生中或者校外挖掘优秀榜样事例，加大对榜样的树立和宣传，形成良好的学风；榜样教育具有真实性、时代性、特指性和多样性等特点，将榜样文化教育渗透到教学办学中，寓教于乐，用“榜样进课堂”的形式直观地将优秀案例进行展示，形成特色教学体系；最后以榜样教育文化为着力点，通过发展载体积极培育和践行社会主义核心价值观。

1. 需求导向促进学生主动接受

榜样教育的作用是强大的，对促进人类文明进步发挥过重大作用。即便是今天，思想政治教育工作者依然在不断挖掘、树立类型丰富、可亲可学的突出典型和先进模范，以此适应中小学生多元化发展的需求。榜样文化在中小学中有潜移默化的教育功能，能有效地使社会主义核心价值观沉淀于中小学生的心里，并自觉转化成外在行动。榜样教育在突出榜样示范引领作用的同时，也注重中小学生受众的需求，这体现了对学生主体地位的尊重，使学生主动接受社会主义核心价值观。

2. 创新方式激发学生积极学习

传统的灌输式教育已经不能适应新时代思想政治教育的需求。榜样教育是在传统灌输式教育的基础上加以创新，从“一元独白”到“多元对话”，借助当今网络媒体的迅速发展，顺应社会发展方式和交往方式转变的趋势，多角度多层次地对社会主义核心价值观的高尚品质精神进行宣传，用榜样教育法在中小学生的日常生活中进行潜移默化的影响。今天的榜样教育在以往的理论学习、专题报告、报刊宣传的基础上，加入了对话交流、分享心得、短视频观看的互动教育方式。榜样教育理论通过“嵌入式”的方式以直观、真实的榜样形象呈现给中小学生，有利于中小学生了解其中的内涵，并将其内化成自身行为规范，促进个体的思想高度提升，以此推动中小学生社会主义核心价值观的培育和践行。

3. 情感共鸣引领学生自觉践行

在充分认知的基础上进行内化和认同，是学习和实践的前提。相比于课程教学，榜样教育遵循“认知、内化、践行”的规律与“知行合一”的教育模式，通过道德榜样教育引领学生的思想，感染力比较强，学生的认同程度更高。发生在身边的如感人事迹、先进典型这样的典型案例更能震撼学生的心灵，使学生在潜移默化中受到正能量的熏陶，产生情感共鸣。榜样教育比说教更能增强学生的自觉性，学生在榜样的故事中更易挖掘自身内在潜能，主动向道德榜样学习，将认知外化于实际行动中。

二、榜样选树的制度保障

上城区教育局贯彻落实省市教育局工作要求，每年创新开展“美德少年”“火炬银奖少先队员”“成绩突出少先队员”等榜样选树活动，创设“区校”两级逐级评价机制，在初选基础上邀请省市专家等第三方开展现场复选考核，对学生的道德品质、语言表达、事迹材料等多方面进行评价，最终选树出年度优秀学生榜样，并通过互联网进行先进事迹宣传，营造向榜样学习的良好氛围。

区域内各中小学结合区教育局评选要求，立足学校特色，私人订制了学校专属的学生综合评价体系（见案例 7-2-1），并通过文件制度的形式明确了榜样的形式和选树标准。通过制度保障，评价和选树了一大批各具特色的上城美德少年。

案例 7-2-1 杭州市胜利小学“幸福卡”德育评价方案

尚德卡：经过一段时间的努力，在道德品质、价值观念、学习意志等方面有进步的，可奖励尚德卡，具体表现在遵守校规、乐于助人等方面。

博学卡：经过一段时间的努力，在学科知识、技能操作等方面有进步的，可奖励博学卡，具体表现在阅读、逻辑、表达、实验等学科学习方面。

健体卡：经过一段时间的努力，在身体素质方面提升了体能、增强了体质的，可奖励健体卡，具体表现在体育锻炼方面。

乐艺卡：经过一段时间的努力，在鉴赏美、创造美方面提升了能力的，可奖励乐艺卡，具体表现在美术、音乐、书法等艺术方面。

勤劳卡：经过一段时间的努力，在劳动观念和劳动技能方面有进步的，可奖励勤劳卡，具体表现为珍惜粮食、尊重劳动、获得劳动技能等方面。

（杭州市胜利小学）

根据《中国学生发展核心素养》总体框架，结合中小学生身心发展特点和品格成长规律，以及杭州市胜利小学的德育评价标准，学校有意地选树榜样，从“尚德”“博学”“健体”“乐艺”“勤劳”等方面树立榜样，且榜样分布在班级和学校中，一方面进一步增加了榜样的数量，另一方面让学生不论在班级还是在学校中时时刻刻都能感受到榜样的力量。

评价时尽可能地保证评价主体的多元性和评价的公平性。“幸福卡”发放评价过程中有仪式感，赋予学生荣誉感，确保“幸福卡”发挥最大的育人功能。杭州市胜利小学结合学生德、智、体、美、劳五个方面的发展，通过设置不同类型的“幸福卡”进行评价，引导学生养成良好的个人习惯，从而引导人人成为可学习、可借鉴的身边的榜样。

选树榜样的形式多样，“红领巾奖章”争章活动在形式和参与方式上都有很大的创新。在“红领巾奖章”争章主题活动中，青少年们积极、主动地参与并体验成功和快乐，同时在活动中发现，在发现中探究，在探究中创新，把做人的基本道理转化为良好的行为习惯。（见案例 7-2-2）。

案例 7-2-2 杭州市澎汇小学综合素质评价校本化实施方案

一、“新三好”争章评价概念

学校“新三好”综合评价体系，分别指向好身体、好气质、好本领，意指健康少年必须强健体质，社会公民必有深度涵养，接班人必备健全能力；表达学校对于学生健康成长，梦想飞扬的一种美好期盼。

二、“新三好”争章评价框架内容（见图 7-2-1）

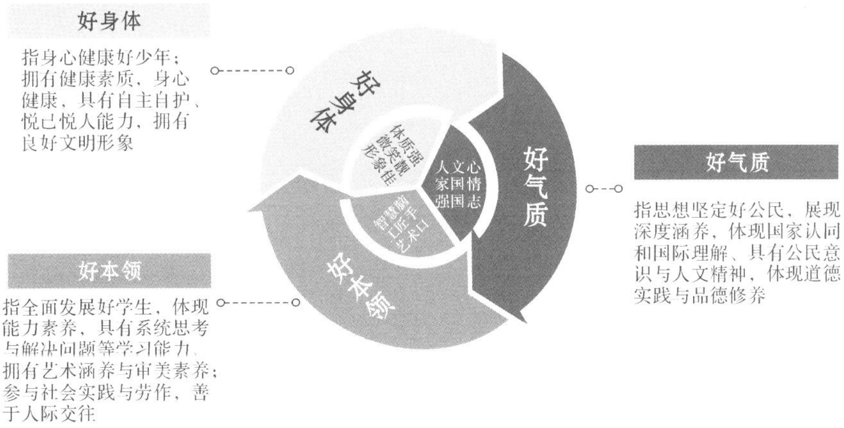

好身体

指身心健康好少年；拥有健康素质、身心健康、具有自主自护、悦己悦人能力，拥有良好文明形象

好气质

指思想坚定好公民、展现深度涵养，体现国家认同和国际理解、具有公民意识与人文精神，体现道德实践与品德修养

好本领

指全面发展好学生，体现能力素养，具有系统思考与解决问题等学习能力，拥有艺术涵养与审美素养；参与社会实践与劳作，善于人际交往

好身体 体质强 微笑靓 形象佳

好气质 人文心 家国情 强国志

好本领

图 7-2-1 杭州市澎汇小学“新三好”评价体系

“新三好”争章评价，评的是什么？

好身体代表身心健康，围绕身心素质、自主自护、文明形象与悦己悦人进行评价。

好气质代表深度涵养，围绕国家认同和国际理解、公民意识与人文精神、道德实践与品德修养进行评价。

好本领代表学习能力，围绕系统思考与解决问题能力、艺术涵养与审美素养、社会实践与人际交往进行评价。

三、“新三好”争章评价实施要求

“新三好”争章评价活动以一个学期为周期，设置个人奖和团体奖，每人手中一张康康卡，不同的“章”对应不同的学习活动，根据学生综合表现给予相应奖章。学期结束，学校会根据学生参与活动的情况，给学生发放相应“新三好”章。活动达标的学生可获得1枚“新三好”章，表现优秀和进步显著的学生，学校会根据相应制度奖励一定数量的“新三好”章。

如在学生体质达标测试中，达到合格的学生就可获得1枚好身体章，表现优秀和进步显著的学生获得2枚好身体章。当班级获得团体奖，学校也会奖励班级一定数量的“新三好”章，如在每周常规评比中，获得流动红旗的班级就能以集体名义获得10枚“新三好”章，然后将奖励分配给个人。

每年元旦举办的康康节和“六一”举办的溜溜节，班主任会组织学生对所获“新三好”章进行分类统计，评选“新三好”之星。每种“新三好”章都得到了10枚的学生，便可获澎汇“新三好”少年荣誉称号。学校还会在每学期期末举行“新三好”章兑换奖品活动，可到“康康屋”兑换自己喜欢的“康康大礼包”！教师担任兑奖师，学生带着自己积攒的被“官方”认可的“新三好”章，自主有序兑换。奖品既有植物的种子、免作业卡等，也可以兑换担任升旗手、校长助手这类奖励。

（杭州市澎汇小学）

杭州市澎汇小学的“新三好”争章评价，与少先队争章评价相结合。杭州市澎汇小学综合素质评价校本化实施方案中，从“好身体”“好本领”“好气质”三个维度进行评价，这三个维度是有层次性的，身体是最基础的，在拥有好身体的基础上掌握好本领，然后提升内心世界，拥有好气质。

三、榜样选树典型范例

彰显榜样的力量，需要发挥好榜样的宣传作用。榜样具有良好的感染力，弘扬的是强大的正能量。一个好的榜样，就是最好的宣传。在人的一生中，榜样是人生的坐标，是事业成功的向导，是激人奋进的号角。榜样身上所具备的优秀特质，最能吸引众人的目光。

上城区各学校细致化的德育评价体系，为全区青少年搭建了优异的成长舞台，培养了一大批优秀的青少年榜样，他们在全国及省、市级舞台上展现了上城少年的风采，为全区青少年树立了优秀的榜样示范作用。上城区教育局为深化社会主义核心价值观宣传教育，加强未成年人思想道德建设，推动广大青少年立大志、明大德、成大才、担大任，努力成为担当民族复兴大任的时代新人，立足上城实际，持续多年开展美德少年、成绩突出少先队员、火炬银奖少先队员等评选活动，通过评选选树活动，为全区青少年树立了一大批思想先进的榜样少年：尊师孝亲美德少年（新时代好少年）——尊敬师长，遵守纪律，热爱集体，尊重长辈，孝敬父母，分担家务；自强自立美德少年（新时代好少年）——热爱生活，热爱劳动，热爱锻炼，独立自主，勇担责任，自强不息；诚信守礼美德少年（新时代好少年）——为人诚实，信守承诺，遵纪守法，恪守公德，举止得当，文明礼貌；勤学创新美德少年（新时代好少年）——热爱学习，成绩优良，勤于思考，特长鲜明，勇于实践，善于创新；热心公益美德少年（新时代好少年）：热爱自然，保护环境，热心公益，关爱他人，志愿服务，言行文明。

选树榜样活动，极大地影响了全区青少年的价值观、人生观和世界观，而来自每一位青少年身边的“朋辈”榜样的影响力更为深刻。链接 7-2-1 是全国新时代好少年：杭州市杭州中学肖立沣（扫描二维码即可观看）。

链接 7-2-1
全国新时代好少年：杭州市杭州中学肖立沣

“以人为镜，可以明得失”，榜样不仅是一面镜子，也是一面旗帜。以榜样为镜，可知自身与他人的差距与不足。以榜样为旗帜，为青少年指引方向，引导他们不断向好的方向前行和发展。榜样是一种向上的力量，具有极强的感染力，通过树立榜样，学习榜样，争做榜样，在全社会形成崇德向善、见贤思齐、德行天下的浓厚氛围，就能凝聚起强大的正能量。

肖立沣的榜样示范，极大地影响了上城区的青少年。上城区“争做新时代好少年”之风兴盛，充分起到了示范带动作用，在全区形成学习美德、践行美德、弘扬美德的浓厚氛围。2022 年 7 月，杭州市第十八届美德少年（新时代好少年）人选名单公示，上城区又有两位学生上榜，占据全市上榜人数的五分之一。越来越多的上城美德少年的“最美现象”从“盆景”发展成为一片引人入胜的“风景”，他们的感人事迹在上城教育中广为流传，他们的动人事迹也不断为更多的上城青少年知晓和学习，并激励上城青少年在今后的人生道路上奋力奔跑（见案例 7-2-3）。

案例 7-2-3　全国优秀少先队员：杭州市采荷实验学校赵梓婕

一年级就成为光荣的少先队员的我，连续 5 年担任中队长职务。进入初中后，我又进入学校年级自律委员会锻炼，用自己的行动赢得同学们的信任和老师的肯定，担任自律委员会副会长一职。素日里，我勤奋学习，勇于探索，即便在学习上遇到困难也从不畏惧，而是主动思考自行解决方案或者寻求师长的帮助。我把接受挑战、战胜困难看成一种乐趣，也体会着学习带给我的快乐。每个学期末，我都以全优的成绩为一个学期收官。我并不只是追求自己进步，还十分乐意帮助同学一起前进。当身边的小伙伴有困难时，我总是主动伸出援手，帮忙讲个题或是帮忙搭把手，一直以来我都尽全力做好老师的小助手和队员们的好榜样。

我不仅注重自己在学习方面的提升，还发展形成广泛的爱好。从小到大，我对中华传统文化十分热爱，所以选择了古筝作为我的主学乐器。经过多年练习，今年暑假通过了九级考试。中华文化中飘逸的书法也令我着迷，从一年级开始，我就开始握笔学写毛笔字。我的书法作品多次参加区、市级各类比赛并获得名次。一路从楷书学到隶书，从临摹《告身帖》到临摹《曹全碑》，我为祖国博大精深的文化而自豪。

从四年级开始，我还光荣地进入了学校的大队部锻炼，多次参与学校大队部活动的组织工作。例如在元旦的时候，书写作品，送“福”进教室、进社区；在教师节的时候，组织并主持学校大队部的敬师活动。在2017年，我光荣地作为杭州市少先队员代表参加了浙江省第七届少代会，还作为大队委积极参加原江干区十一届少代会的组织工作。2018年，我被评为杭州市火炬金奖少年。

胸前佩戴着红领巾的我始终牢记并践行习近平总书记的谆谆教导和身为一名少先队员的使命，爱党爱祖国爱人民。平日里，我积极参与“红领巾公益课堂”和其他公益活动。当我知道西藏那曲和原江干区是结对区域后，我连续三年拿出自己的压岁钱结对了西藏那曲的一名同学，还在爸爸去那曲出差的时候，用自己的零花钱买了钢笔等文具托爸爸送给他。此外，我还和贵州朗洞两福小学的小伙伴是好朋友，多次用自己的零花钱给他们寄书，希望用我的小小心意为他们带去温暖，激励他们一起成长奋进。

在学习生活中，我厉行节约，反对浪费，积极响应垃圾分类与光盘行动等号召，在小区里帮助邻居进行垃圾分类。用实际行动弘扬社会主义新风尚。此外，我还在积极参与传播社会主义“真善美”的各类活动，传播社会主义核心价值观，在2019年度杭州市宪法主题大赛中获得书法组铜奖。

小小的我在接下来的日子里还会继续努力，用实际行动为鲜艳的红领巾争光，并积极向更高的目标迈进。

（赵梓捷　杭州市采荷实验学校）

赵梓婕被评为全国优秀少先队员，对她个人是莫大的肯定和鼓舞，对于上城区其他的少先队员，更是巨大的榜样激励。通过赵梓婕的榜样示范，大家知道获评这样的荣誉并不是一定要有巨大的成就，默默地坚持做好一件事情也是一种非常好地实现人生价值的体现，“我连续三年拿出自己的压岁钱结对了西藏那曲的一名同学”，通过爱心结对，让千里之外的西藏学生也能感受到来自杭州的温暖，这样的一份坚持也影响了上城的青少年们，越来越多的上城青少年参与到爱心结对中，通过“同上一堂课”“爱心结对”“爱心捐书”“暑期结对研学”等活动，不断拉近西藏和杭州的距离，也让两地更多的青少年手拉手、心连心。

2020 年，《关于构建阶梯式成长激励体系　增强少先队员光荣感的指导意见》出台，少先队的阶梯式成长激励体系逐步建立，阶梯式成长激励体系由多种载体构建而成，主要包括队前预备、队中教育、离队输送三个关键阶段，涵盖少先队员成长全过程。其中，少先队员普遍参与的“红领巾奖章”是核心载体，引导全体少先队员追求进步。“红领巾奖章”的评价结果，用于贯通同一层级的荣誉、实践和岗位激励。各类载体坚持自下而上、分级设置、纵向衔接、逐级推荐。

在少先队教育中，往往倾向挑选“高、大、全”的典型做榜样，而这种榜样对少年儿童来说虽然值得学习，但过于美好，缺乏现实性、亲切感，这容易使少年儿童觉得自身与其差距太大，反而会减弱他们学习榜样的动力。因此，在选择榜样时，应结合少年儿童的特点，从他们的心理接受程度和认同角度出发，将榜样平凡化、生活化，选择能够引导少先队员乐于接受、主动学习的可模仿、感染力强的榜样。同时，还应深入开展“争做新时代好队员”活动，大力培育、宣传新时代优秀少先队员典型，树立少年儿童身边可亲、可学的榜样，激励他们争先创优、见贤思齐，激发他们作为少先队员的自豪感、光荣感。

在榜样选树制度的保障下，在学生榜样的感召下，上城涌现出 1 名全国优秀少先队员、1 名全国新时代好少年、10 名省优秀（成绩突出）少先队员、11 名浙江省“四星章”个人，324 名少先队员被评为市级“金奖少年”“美德少年”。2022 年 4 月，杭州市崇文实验学校少先队员金诺萱成为共青团中央、全国少工委“红领巾爱学习”网上主题队课的主讲人，向全国少先队员讲述“来之不易的成绩单”；2022 年 3 月，浙江省少工委七届八次全委（扩大）会议上，杭州市时代小学少先队员吴悠然成为全省几百万少先队员中的唯一一位为省少工委工作报告配音的队员。

上城教育以科学的争章评价体系激励少年儿童，结合省少工委《少先队活动》用书及“红领巾奖章”争章，健全校内外联动的基础章及星级章奖章考评体系。依托“淘活动”平台，建立线上线下协同的体验章与区级技能章争章联动机制。上城区“火炬银奖”（“红领巾奖章”个人二星章）挑战营考章模式得到社会普遍认可，三年来，共举办挑战营 6 期，1356 名少先队员参与挑战，526 名少先队员荣获上城区“火炬银奖”（“红领巾奖章”个人二星章）荣誉称号，217 名少先队员获得了杭州市“火炬金奖”（“红领巾奖章”个人三星章）荣誉称号。

时代需要航标，社会需要榜样，思想需要先导。运用榜样的力量培育人们正确的价值取向和行为准则，是思想政治工作的优良传统，也是中小学培育和践行社会主义核心价值观的独特优势。以社会主义核心价值观为引领的中小学榜样教育，要健全榜样培养机制，充分发挥榜样的表率作用，引导中小学生将社会主义核心价值观自觉内化为自我信念和行动准则，并外化为具体实践。

参考文献

[1] 姜琳，董瑞丰，郑明达，等．办好人民满意的医疗教育事业　习近平总书记在政协医药卫生界、教育界委员联组会上的重要讲话鼓舞人心［N］．新华每日电讯，2021-03-07（001）．

[2] 侯建斌．截至去年 12 月我国网民近 10 亿　数字红利惠及各类群体［N］．法治日报，2021-02-09（004）．

[3] 顾明远．学生成长在活动中［N］．中国教育报，2014-07-26（004）．

[4] 李克强．政府工作报告［N］．人民日报，2022-03-13（003）．

第八章

时代的报告：扎根大地的育人担当

立德树人是新时代中国特色社会主义教育发展的根本任务。强化党建引领，护航立德树人，是新时代对教育系统党组织提出的新要求。那么，作为基层学校党组织，如何探索党建引领立德树人机制建设的路径与方法，发挥党建引领立德树人强大引擎，坚持为党育人、为国育才，源源不断地培养担当民族复兴大任的时代新人呢？本章从强化政治引领，深化党史学习教育、教师队伍建设和意识形态阵地建设等角度，概述了上城区域探索的整体建构。

第一节
党建引领下的育人创新

⊙

中小学基层党组织肩负着为党育人、为国育才的重任。在党组织的引领下，学校需要培养一批又一批能担当民族复兴大任的时代新人，培养一代又一代德智体美劳全面发展的社会主义建设者和接班人。因此，学校党建工作的水平及其作用发挥得如何，直接关系到教育事业各项工作开展的成效大小，关系到行走德育的目标方向正确与否。

一、强化政治引领，提升基层治理整体水平，确保“行走德育”方向正确

2022 年 1 月，中共中央办公厅印发《关于建立中小学校党组织领导的校长负责制的意见（试行）》，要求：健全发挥中小学校党组织领导作用的体制机制，确保党组织履行好把方向、管大局、作决策、抓班子、带队伍、保落实的领导职责。要把党建工作作为办学治校的重要内容，发挥基层党组织作用。

这就要求中小学校党组织履行好“把方向、管大局、作决策、抓班子、带队伍、保落实”的核心思想、不断增强党组织的凝聚力和战斗力。

1. 探索党组织领导的育人机制

如果将一所学校比作大海里的一艘船，那么党组织就是船的导航，校长就是船的发动机。没有导航引导正确方向，船就会偏航，甚至会船毁人亡；没有发动机推动运行，船就会没有动力，想跑也跑不动。因此要发挥党组织在育人中的领导作用，一定要厘清“党组织领导”与“校长负责”的关系。要意识到两者是不可分割的有机整体，是相辅相成、相互作用的辩证关系。“校长负责”以“党组织领导”为前提；“党组织领导”要通过“校长负责”来进一步落实。

坚持党的领导，加强党的建设，要把党组织建到年级组、教研组中去，实现党的组织覆盖和工作覆盖。积极发挥党组织导航引路的功能，贯彻党的基本理论、基本路线、基本方略，坚持为党育人、为国育才，确保党的教育方针和党中央决策部署在中小学校得到切实贯彻落实。与此同时，积极发挥学校党组织教书育人战斗堡垒作用和党员教师先锋模范作用，团结带领全校教职工推动学校改革发展，为学校治理保驾护航。

学校党组织会议要按程序集体讨论作出决定，发挥好决策把关作用；校长要带领行政队伍贯彻执行，确保会议决议贯彻落实，党组织全面监督，发挥好监督执纪作用；重大事项完成之后，学校行政领导要主动向学校党组织述职报告重大决议执行情况，做好事后总结。

同时，要建立学校党组织书记和校长定期沟通制度。党组织书记和校长要及时交流思想、工作情况，带头维护班子团结。学校党组织会议、校长办公会议（校务会议）的重要议题，党组织书记、校长应当在会前听取对方意见，意见不一致的议题暂缓上会，待进一步交换意见、取得共识后再提交会议讨论。集体决定重大问题前，党组织书记、校长和有关领导班子成员要个别酝酿、充分沟通。

学校党组织侧重谋划、决策、监督和保障，校长侧重于管理、组织和实施。只有双方明确权责，形成高效、顺畅的协作机制，才能建立决策科学、规范有序、运行高效的现代学校治理体系。

2. 推进书记领办项目，完善和协调运行机制

“书记领办项目”是推进基层党建工作高质量发展的重要抓手和有效载体。行走德育、赋能“双减”、德育启蒙、教师培养、同心共育、爱心助学……“书记领办项目”让学校党组织书记作为第一责任人直接抓基层党建创新项目，调动多方资源，有效破解基层党建工作的难题，以带动基层党建工作整体水平的提高，实现了“小切口”“大作为”“小项目”“大提升”，在坚守立德“根本”之中，增加育人“宽带”，提高教育“效能”。党组织书记带头调查研究、带头破题解题，可以有效解决基层党建工作中的突出难题（见表 8-1-1）。

表 8-1-1　2022 年上城区教育系统“书记领办项目”十佳案例

基层党组织	书记领办项目
中共杭州第六中学总支部委员会	《党建引领助力教师“二次成长”》
中共杭州采荷一小教育集团委员会	《红心引领　助力“双减”》
中共杭州市茅以升实验学校支部委员会	《“同心共育场”构筑学生成长支持立体网络》
中共杭州市吴山幼儿园支部委员会	《小小吴山娃　红红中国心》
中共杭州市凤凰幼儿园支部委员会	《悦纳共融　凤凰齐翔：全纳教育助力特殊需求孩子》
中共杭州市近江幼儿园支部委员会	《党团牵手　德育启蒙　红色传承》
中共杭州市濮家幼儿园支部委员会	《党建 +：行动赋能新教师聚变式成长》
中共杭州市丁兰幼儿园支部委员会	《“双减”政策重落实　书记领办兴“社团”》
中共杭州市东城幼儿园支部委员会	《新教师起步成长营：高位引领奠基发展》
中共杭州市百合花幼儿园九欣幼儿园联合支部委员会	《延时更延爱：爱心晚困传递教育温度》

链接 8-1-1 是 2022 年上城区教育系统“书记领办项目”十佳案例（部分）（扫描二维码即可查看）。

链接 8-1-1
2022 年上城区教育系统“书记领办项目”十佳案例（部分）

赋能“双减”、德育启蒙、教师培养、同心共育、爱心助学……“书记领办项目”让学校党组织书记作为第一责任人直接抓基层党建创新项目，调动多方资源，有效破解基层党建工作的难题，以带动基层党建工作整体水平的提高，实现了“小切口”“大作为”“小项目”“大提升”，在坚守立德“根本”之中，增加育人“宽带”，提高教育“效能”。

二、建设清廉学校，廉政教育汇聚清风正气，营造“行走德育”教育良好环境

清廉学校建设是落实党对教育工作的全面领导的重要体现，是立德树人的题中之义，具有极其重要的意义。上城区教育局一直以来高度重视清廉学校的建设，推动区域内学校积极营造风清气正的校风，培育廉洁自律的教风，树立踏实勤勉的学风，助力形成清正廉洁家风。案例 8-1-1 为教育部 2005 年全国廉洁教育现场会在杭州市开元中学举行的简讯。

案例 8-1-1 教育部全国廉洁教育现场会在杭州市开元中学召开

2005 年 3 月，教育部在我校召开了全国廉洁教育现场会。2005 年 7 月 2 日，当时的中共中央政治局常委、中央纪律委员会书记吴官正同志等领导在时任浙江省委书记习近平、省长吕祖善和市长孙忠焕的陪同下专程来开元中学考察“廉洁教育进校园”的情况，对学校开展敬廉崇洁启蒙教育给予充分肯定。2017 年杭州市开元中学被评为上城区廉洁教育示范点。学校从清廉氛围营造到教师师德师风建设，从学生美德教育到影响家长和家庭，让责任、自律、知耻、诚实、正直等品质成为开元人

的金名片。

开元中学有优良的廉洁教育传统，2003年起就开展了廉洁教育进校园的课题研究活动，汇编并正式出版了《敬廉崇洁启蒙教育中学生读物》，成为杭州市开展廉洁教育的重要窗口学校，学校的廉洁教育进校园被《新闻联播》播报，受到了国家、省、市各级领导的肯定与认可。

（杭州市开元中学）

1. 梳理学校权力清单，落实廉政风险排查

学校党组织要进一步深化履行“三重一大”事项集体决议机制，严格落实党政主要负责人“五不直接分管”等制度，制定党风廉政建设任务清单，抓好风险防控，严密清权、晒权、制权三个环节，细化梳理小微权力清单和办学行为负面清单，规范教育、管理、服务各个环节的标准和要求，主动接受社会、家长监督。与上城区教育局签订党风廉政工作目标责任书，加强经济责任审计，对领导干部个人重大事项报告等内容进行跟踪督查、动态管理。支持派驻纪检监察组履行监督职责，加强沟通衔接和协调配合，强化监督合力。

杭州中学党总支坚持以清廉之风带动社会风气，营造风清气正的教育生态环境。严查“四风”问题，严格落实中央八项规定，聚焦小微权力、梳理小微权力清单，加强纪律教育，加大违规违纪典型案例通报曝光力度，发挥警示教育作用。完善“三重一大”制度实施细则，加强过程监督管理，树好廉洁从教良好形象。同时，深入开展“廉洁从教”活动，全体党员教师要求签订《党风廉政承诺书》《师德承诺书》，继续推进教师思想政治建设专项工作，选树、宣传教师典型，持续做好师德教育。结合教师师德师风情况专项检查，做好教师绩效考核评价修订，落实师德师风评议制度，通过开展评议教师工作，对照负面清单认真逐条查摆问题和整改问题，不断促进教师改进工作方式和方法，杜绝体罚和变相体罚现象，严格落实师德师风问题“黑名单”制度，使教育环境更加清明。积极推进“双减”工作，规范教学行为，减轻学生的课业负担，通过作

业时间管理提升教育效能。

杭州市崇文实验学校教育集团党委把“崇文尚德，风清气正”作为清廉学校建设的目标，经过 6 年实践，3 轮修订，推出了《崇文教师应当遵守的 78 个工作细节》。细节标准，源自老师们的建议，分为“教师形象”“教师沟通”“班级管理”“教学常规”，涵盖到教师日常教学管理的方方面面，其中，与“教师形象”相关的有“言”“型”和“行”三部分共 21 条；“教师沟通”方面包括“师师沟通”“师生沟通”和“家校沟通”共 23 条；“班级管理”内容有 15 条；“教学常规”方面有 19 条，分“课前准备”“课堂教学”和“批改反馈”。为了将 78 个细节落到实处，党委每月初发布其中的 3 条考核细目，月底采用网上自评、年级组长考核推荐、支部书记、支委委员定期巡视，定级。目的是通过 3—4 年把这 78 条细节成为教师的工作习惯，将细节转化成内心信仰，同时激励教师成为“四有”好教师，助推学生幸福起航。上城区教育局向全区中小学下发的《教育教学品质服务细则》中附了崇文的 78 个工作细节标准，供各校学习借鉴。风清气正的上城教育成为了老百姓心目中的“上乘教育”。链接 8-1-2 是杭州市崇文实验学校教育集团《崇文教师应当做好的 78 个工作细节》（扫描二维码即可查看）。

链接 8-1-2 《崇文教师应当做好的 78 个工作细节》

2. 打造校园清廉之风，营造良好教育生态

除落实廉政建设和师德师风建设外，上城区区域内的各党支部将清廉学校建设与校园文化建设、德育工作有机融合，以清廉之风沐浴蓬勃师生，以清廉之气孕育清风校园。筑牢师生思想“堤坝”，让清廉之花开满校园。

中共杭州师范大学东城中学委员会积极打造清廉校园文化品牌，将清廉教育纳入学校德育教育整体规划，清廉教育进课堂，使清廉理念内化于心，外化于行。结合学校教育教学实际，编写清廉校本教案、校本教材，把清廉教育融入教育教学环节，融入育人全过程。结合党团队建设，宣讲团定期开展法纪宣讲，把清廉价值理念与社会公德、职业道德、家庭美德、个人品德有机结合起来。结合寒暑假研学活动，充分利用第二课堂、研学基地、清廉教育基地、法纪教育基地、爱国主义教育基地等开发清廉课程，开展清廉教育。

杭州市澎博小学党支部注重环境育人，在食堂门口的地上画莲是支部庆七一活动的重要仪式，党员、团员、少先队员共绘“青莲”，只因对“莲”的敬意，更是对“廉”的回应；他们还在校园里建了一片“银杏林”，号召党员要像银杏一样无私奉献，不求回报，银杏林成了清廉实践基地，师生清廉主题画展、法治教育开学典礼等活动都在这里举行；他们通过请律师进校园讲课、开展民呼我为进社区、开辟法治学习基地等营造校园清廉文化，创新廉洁教育。

打造校园清廉之风，还需要积极发挥家校合作在清廉教育中的重要作用。学校可以通过家委会、家长会、家访、微信交流、亲子活动等形式，与家长加强沟通，通过“问卷星”等平台，征集对学校教育教学工作、师德师风等方面的意见建议。通过采访身边的党员，加强学生对党史学习教育的意义理解，从小树立爱党爱国的正确价值观；组织演讲、征文比赛，分享好家规家训、优秀家风家教故事，传递家风正能量。

三、深化党史学习教育，赓续红色血脉推动“行走德育”走深走实

一百多年来，我们党团结带领人民接续奋斗，创造了伟大历史，建立了伟大功业，铸就了伟大精神，形成了宝贵经验。开展党史学习教育，做到学史明理、学史增信、学史崇德、学史力行，从党的百年伟大奋斗历程中汲取继续前进的智慧和力量，是坚定信仰信念、在新时代坚持和发展中国特色社会主义的必然要求。

1. 淬炼党性，在学习中树立理想信念

当今世界正处于百年未有之大变局，国际形势更加复杂多变。面对一系列复杂问题和挑战，我们要始终坚持党对一切工作的领导这一“定海神针”，在

强化理论学习中淬炼党性。教育是民族振兴的基石。学校党组织深化党史学习教育，增强广大师生的“四个自信”，加强师生理想信念教育，厚植家国情怀，才能推动铸魂育人走深走实。

案例 8-1-2 中共杭州市上城区教育学院总支部委员会：以信仰之光照亮奔跑之路

中共杭州市上城区教育学院总支部委员会以习近平新时代中国特色社会主义思想为根本遵循，围绕区教育局“五大融合”目标，架构“12345”学习体系。

一主题：以信仰之光照亮奔跑之路。

二目标：筑牢信仰根基，锤炼信仰行动。

三内容：明之以理，示之以范，践之以行。

四篇章：党史国史、理想信念、红色故事、民呼我为。

五行动：党建共建“同心圆”、“红领”思政课、“红迹”微党课、劳模党课、“正青春”志愿者服务。

在“学”字上下功夫，优化内容，创新方法，形成了“体验”“现场”“系统”“实践”四大学习路径，找准理想信念教育和上城文化、学院价值观的契合点，挖掘地方特色和行业特点，稳步推进理想信念教育常态化。

通过体验学习，把情感体验融入理性思考；通过现场学习，把室内授课拓展为室外走学；通过系统学习，把单体知识串联成系统认知；通过实践学习，把理论学习投射到社会服务行动。促进了党员理想信念的“两个转变”，促进了理想信念和服务教育“两个结合”，促进了党员干部培训的“两个突破”。

（中共杭州市上城区教育学院总支部委员会）

除此之外，许多基层党组织也纷纷开展了“思政金课”“红色书籍”阅读马拉松等形式多样、生动有趣的活动，教育引导教师从党的非凡历程中领会马克思主义是如何深刻改变中国、改变世界的，感悟马克思主义的理论力量和实践力量，深化对中国化马克思主义既一脉相承又与时俱进的认识。特别是深刻学习领会新时代党的创新理论，坚持不懈用党的创新理论最新成果武装头脑、指导实践、推进工作，推动铸魂育人工程走深走实。

2. 思政一体化建设，培根铸魂强信仰

思政课是落实立德树人根本任务的关键课程。学校党组织要充分发挥思政课落实立德树人根本任务的作用，让更多的教师在教育教学中融入思政教育，做到一体谋划，让更多课堂融入思政教育。

案例 8-1-3 “红五味”思政课 党建引领守根脉

澎雅小学抓实思政课主阵地，上好道德与法治课、少先队课、综合实践活动课等，凸显思政的“党味”；抓好小先生宣传队，以国旗下宣讲、红领巾电视台宣讲、社区宣讲等形式，凸显信仰的“甜味”；抓深初心剧社演出，以项目化学习的方式，深入学习研究党史，凸显信念的“淳味”；抓住思政主题活动，以学生喜闻乐见的活动，如红歌会、红色印记研学等，凸显学习的“趣味”；抓牢知行合一实践，以农场劳作、家务实践、志愿服务活动、重走长征路活动等，凸显实践的“苦味”，让学生进一步明白只有不忘初心、砥砺前行，方能到达星辰大海的深刻含义。

通过党建引领，“五好行动”明晰思政教育方向；通过党员攻坚，“红星榜样”培育思政教师队伍；通过协同育人，“红五味”助力学生守牢红色根脉，助力学生赓续红色血脉，增强教师思政教育能力，提升学校整体办学品位。

（王红燕　中共杭州市澎雅小学支部委员会）

从案例 8-1-3 可以看出，在基层党组织的领导下，学校积极完善思政课一

体化课程体系，打造思政课一体化课堂教学范式，开辟思政课一体化教育新阵地。在上城教育“思政教育行动”的引领下，各基层党组织深化“多元共治，协同推进”的“1+N”大党建，建立社区、学校、教育场馆共同参与的多个党建同心圆，组织党员研究员研发具有上城辨识度的“红领课程”，推出100节红色思政课程和100个红色资源包，推动“思政一体”“行走德育”“宋韵文化”等区域重大教育改革项目研究，助力区域构建铸魂育人新模式。

3. 党群一体化育人，筑牢成才之基

党总支将充分发挥团支部、工会、关工委等群团组织的作用，形成党群共建的氛围和机制。团支部要发挥青年教师的战斗力，加强思想政治学习，激发他们积极在各自岗位发挥先锋作用。工会要进一步丰富教职工的业余生活，关心关爱每一位教职员工，为教师全身心投入教育教学工作提供助力。此外，还要认真落实《中国共产党统一战线工作条例》，履行统战的工作职责，进一步推动统战工作规范化建设，找准统战工作着力点和切入点，加大党外人才培养力度，充分调动民主党派等统战成员的积极性，让他们参与学校的重大决策，推进学校的教育改革发展。学校关工委则需要进一步吸纳愿意发挥余热的离退休同志，为青年教师的成长助力，为孩子们的发展提供更好的支撑。

饮马井巷小学党支部围绕学校发展，指导工会积极推进教职工民主治校，积极建设教师之家，办好教师素养CLUB，开展丰富多样的素养活动，营造幸福的饮马大家庭氛围，缓解教师工作压力和情绪负担；指导团支部开展团带队活动，为青年团员搭建展示和成长平台，落实启航计划，深化志愿者行动，以“五四”等重要纪念活动为契机，引导青年教师在本职岗位上建功立业；指导妇委会工作，关爱和团结广大女教职员工，开展巾帼建功系列活动；加强统战工作，营造和谐氛围。

四、培育新媒体文化，做好意识形态阵地建设，筑牢“行走德育”根基

中国共产党历来高度重视对宣传战线的领导，高度重视发挥宣传思想领域工作部门和宣传思想工作队伍的作用。学校党组织应加强宣传工作，精准把握宣传信息工作的“时、度、效”，在内聚力量、外树形象上积极作为。

1. 内聚力量，把握信息宣传“时、度、效”

作为学校党组织，加强党对宣传思想工作的全面领导，关键要以党的政治建设为统领，牢固树立“四个意识”，坚决做到“两个维护”，始终同以习近平同志为核心的党中央保持高度一致。要加大舆情管理力度，积极稳妥做好重大突发事件和热点敏感问题的舆论引导。同时要关注“指尖上的党建”，通过校园微信公众号等新媒体发布时政新闻、政策文件解读、热点问题评析和先进典型案例等，以文字、图片、视频等形式，宣传党的政策，展示党建成果，交流先进经验，开展党员教育，加强教职员工和未成年人思想道德建设，推动宣传思想工作守正创新，为事业发展提供有力思想保证和强大精神动力。

清河中学党支部有力推进意识形态工作。切实加强教职员工和未成年人思想道德建设，深化课程育人、文化育人、活动育人、实践育人、管理育人，一盘棋谋划推进爱国主义教育、法治教育、生态文明教育等。进一步加强宣传工作，精准把握宣传信息工作的“时、度、效”，在内聚力量、外树形象上积极作为。2022 年组织开展“喜迎二十大”“喜迎亚运”等系列宣传活动。做好教育系统意识形态工作、新时代统一战线工作，团结奋进，再谱新篇。

2. 外树形象，打造学校党建品牌育人形象

党建品牌是一个党组织各项党建工作的有机整合和提炼升华，不仅体现了一个党组织全体党员的工作状态、精神风貌，更能反映该组织的特色，体现全体党员和相关群众发自内心的认可和支持。学校党组织通过打造和创建高质量的党建品牌，对于彰显基层党组织的凝聚力、号召力、战斗力和组织力，扩大

党组织的认知度、知名度、美誉度和忠诚度具有重要的意义（见案例 8-1-4）。

案例 8-1-4 “同心共育场”构筑学生成长支持立体网络

中共杭州市茅以升实验学校支部委员会以学校课程为基础，整合并激活学校周边资源，发挥“茅以升名人效应”，拓宽育人场所，打造各类融合性课程思政资源，让学习者在真实开放的环境中，在过去和未来、知识和技能、自我和社会的链接中，把国家、社会、公民的价值要求融为一体，提高个人的爱国、敬业、诚信、友善修养，自觉把小我融入大我，将社会主义核心价值观内化为精神追求、外化为自觉行动。

机制创新，组建三级、两平台。“三级”分别为项目总负责、策划者、实施者，总负责由学校书记担任，策划者由学校德育副校长、各基地负责人、家委主任担任，实施者由学校教师、基地培训教师担任。“两平台”为校内和校外两大思政资源平台。

社校融通，深化协同育人。横向合作，智库联席。建立思政教师培养机制，建立教师与教师、学科与学科间的互助、互学、互融，打通学科间的壁垒，尝试大教研。与校外基地合作，建立思政智库。有效串联学校周边资源，形成多元学习版图，聚力推进学习场域的思政作用，形成课内外一体、校内外融通的课程思政资源，打破学习边界。

红色展馆，打造融合课程。红色场馆课内外一体，全景育人，完善“全景”式学习场域，发挥学习场域的思政作用，内外联动，打造各类融合性课程思政资源。如“桥梁与工程体验课程”赋能学生成长；红色场馆“跨时空对话”；信息技术赋能，利用 AR 技术，让学生共筑学习“云”模式，开启“小小茅以升”之旅，踏访家乡名桥，挖掘桥梁文化，讲好大桥故事，书写故乡情怀。

“同心共育场”的实施，让“红色思政”品牌立得实，在理论和实践的双向互动中持续高效发展。茅以升事迹展览馆也成为一个多学科融合、多群体共创、多场域共享的学习空间，在集团校、联盟校、结对校等进行辐射，成效物化于杭州市立项课题“基于区域文化资源红领巾学院研学课程建设与运用”结题报告。

（徐志斐　中共杭州市茅以升实验学校支部委员会）

品牌领路，实现党建引领力、组织向心力、队伍战斗力、集体凝聚力和社会影响力的提升。“一校一品”打造各支部党建品牌，发挥学校党组织和党员在惠及学生终身发展、服务教师专业成长、促进教育科学发展方面发挥战斗堡垒作用和先锋模范作用。建立良性工作机制，打造党建引领立德树人强大引擎；强化队伍建设机制，为党建引领立德树人提供人才保障；加强党史学习教育铸魂培基，为党建引领立德树人树立导向；加强意识形态阵地建设，营造党建引领立德树人良好环境。以党建引领立德树人，为党育人、为国育才，培养能担当民族复兴大任的时代新人。

第二节
坚守使命的育人力量

抗日战争时期，一位音乐老师在最后一节课上教孩子们唱《苏武牧羊》，这一课让于漪永远记住中华民族虽历经磨难，但不屈不挠的精神，并让他在长大后也成为一名教师。这是教师的力量，她在学生心中播下民族复兴的种子。

在“畅想未来的我”活动中，一位一年级的学生将一枚鲜红的党徽画在自画像的胸前，边上写着“党员教师”四字，她说，她长大要当像班主任老师一样的党员教师。这是党员的力量，他如一盏明灯，指引学生前进的方向。

2008 年四川汶川发生 8.0 级地震，四川安县桑枣中学学生、教师无一伤亡，校长叶志平坚持十年定期开展教科书式撤退演练，创造了“汶川奇迹”。这是校长的力量，他用认真负责，保障了师生的安全。

这三个故事让我们感受到作为一名教师、一位校长肩负的使命与责任，教师在传播知识与文化的同时，为学生、为中国教育构筑了一个充满希望的未来。教育的关键在教师，没有高质量的教师，就没有高质量的教育，也就不可能培育出高质量的人才。

2014年，习近平总书记在同北京师范大学师生代表座谈时指出："今天的学生就是未来实现中华民族伟大复兴中国梦的主力军，广大教师就是打造这支中华民族'梦之队'的筑梦人。"

行走德育是一项"价值铸魂"工程，那么，行走德育由怎样的人来"铸魂"？

育人先育己，传道者首先自己要明道、信道。学生会行走，教师首先要会行走。站在立德树人的高度重新审视教师，我们对行走德育实施教师提出了新的要求：

要让"有灵魂"的老师去铸魂。人们把教师称为人类灵魂的工程师，教育是灵魂与灵魂的对话。铸魂教育，教师首先要"有灵魂"。"有灵魂"的教师，对国家民族未来有沉甸甸的使命感和责任感，能深刻认识"为党育人、为国育才"的重要意义；"有灵魂"的教师，是对教师职业充满荣誉感，充满激情，是真心实意爱教育的；"有灵魂"的教师是文明的传承者，更是社会主义核心价值观的践行者。

要让"有信仰"的教师讲信仰。信仰如汩汩清泉，是教师成长的不竭动力。对马克思主义、社会主义和共产主义有坚定信仰的教师，才会将信仰的种子播种在学生的心田。有信仰的教师，有着远大的理想，始终坚持中国特色社会主义的理想信念，立足国家，面向未来，放眼世界，不断汲取知识，积极传播中华优秀传统文化，用行动助力中华民族伟大复兴中国梦的实现。

要让"有道德"的教师传道德。立德先立师，树人先正己。教师是文明的传递者，是精神的奠基人。教育是生命对生命的培育，是精神对精神的影响。教师只有以德立身、以身作则，学生才能以师为镜，自觉践行社会主义核心价值观。有道德的教师，是师德的典范、学生的榜样，他们是学生心目中道德的化身。

基于这样的思考，上城区教育局党委发挥党建的力量，以高质量教师队伍建设为目标，抓好干部、教师的思想政治和师德师风建设，牢固树立"师德是第一专业"意识，实施"323立德铸魂引路工程"，瞄准"三类群体"、构建三大“上城模式”、实施“双评”机制，加强统筹，形成大区域全德育场，探索上城美好教师培养新路径，打造了一支有育人意识、有育人本领、有育人智慧的“会行走的梦之队”。

一、瞄准“三类群体”：让每一位教师都来行走

上城教育以“静心教书、潜心育人；敬业成人，精业成才”的教师精神培育为核心，做好上城教师发展培根铸魂顶层设计，完善培训体系，坚持抓住“关键少数”，管好“绝大多数”，培养好“新任教师”，如图 8-2-1 所示，“关键少数”是指在职书记、校长和校级后备干部，“绝大多数”包括全体上城在职教师和在职党员，“新任教师”专指第一年踏上工作岗位的年轻教师。这三类群体互相统一，互促共进，为行走德育落地提供有力的保障。

聚焦这“三类群体”，主要基于以下思考：

图 8-2-1 “行走德育”中培养的三类教师群体

1. 抓住“关键少数”，能为行走德育把好方向

行走德育提出“让社会主义核心价值观成为学生成长的‘芯片’”。通过行走德育，把中国特色社会主义信念、爱国主义精神和中华优秀传统文化融入其中，淬炼学生为国奋斗的志向。如何在行走中激发上城学生浓浓的爱国情、远大的强国志、有力的报国行？首先抓好“关键少数”，即书记、校长队伍。书记、校长是教师队伍中的“领头雁”，他们的政治站位和执行能力，直接决定了行走德育的目标能否达成。只有他们在增强“四个意识”、坚定“四个自信”、

做到“两个维护”上，作表率、打头阵，牢记党的政治责任，把好方向，做好决策，带好队伍，行走德育才有可能始终扎根中华优秀传统文化，弘扬中华民族精神，上城教育、行走德育才能交出“铸魂”高分答卷。

2. 管好“绝大多数”，能让行走德育站稳脚跟

“基础不牢，地动山摇”。上城教育坚持“全员育人”，在行走德育的实施过程中，每一位教师都是育人者，都是“末梢神经”和“毛细血管”。上城教师的精神面貌、工作作风等整体形象，深深影响着行走德育能否站稳脚跟、能否落到实处。上城区教育局党委锚定强师目标，着力于建立师德师风培育体系，强化思想政治意识，培养“学为人师，行为世范”的高质量上城教师。同时，聚焦“红领上城”，持续推进“组织强基行动”。2021 年，上城区教育局有党员 5914 名，约占教师人数的 50%，他们是行走德育的排头兵，“教育改革到哪里，党员作用就发挥到哪里”，积极发挥党员先锋模范作用，提升党员影响力、渗透力和引导力，鼓励党员教师心有大我，育人担当，实现“一个党员就是一面旗帜”。

3. 培养好“新任教师”，能实现行走德育向未来

伴随着杭州从“西湖时代”迈向“钱塘江时代”，上城教育规模不断扩大，新建学校不断涌现，教师需求量急剧增长。2018—2022 年，上城区每年约新增六七百名新教师。这些教师既承载着接续奋斗、载梦前行的使命，也肩负着开源活水、立德树人的担当，他们是上城教育的推动者，是上城教育的未来和希望。新任教师对职业充满了期待与憧憬，积极向上，阳光进取。然而，刚入职的他们，会遇到各种不同的情况，会有困惑和迷茫，需要加以引导。上城区教育局大力推进新任教师培养计划，加强区域新任教师培养机制创新与实践，帮助青年教师坚定理想信念和专业追求，扣好新任教师“党性 + 专业”第一颗纽扣。

二、构建三大“上城模式”，让每一位教师都会行走

上城区教育局党委以党的政治建设“红色根脉强基工程”统领为轴线，坚持“融合、创新”两翼并举，实施“领衔攻坚、领跑示范、领航赋能”三大项目，开创了上城教育“一轴两翼三领”党建工作新格局。建强战斗堡垒、激活红色细胞，党建为队伍赋能，构建了促进“关键少数”“绝大多数”“新任教师”成长的三大“上城模式”。

1. 创新应用干部培养的“上城模式”

根据新时代上城教育发展态势，优化干部梯队建设、优化培养成长路径，探索构建“四梯队五路径”的干部培养“上城模式”，即构建书记（校长）、副校长、后备干部、中层干部四个梯队，通过开展中学校长素质提升项目、学前管理干部素质提升项目、“影子校长”培养项目、智库专家入校指导、年轻干部双向挂职等五条路径，助力年轻干部从“萌新”到“骨干”蜕变升华，成熟干部从“名优”到“卓越”成长进阶。

“四梯队五路径”的干部培养“上城模式”，完善干部培养体系，分层分类开展干部培养工作。坚持“师德为先”，干部的培养着力于“根”和“魂”的教育，让干部始终牢记自己从事的是中国特色社会主义教育，“为党育人、为国育才”是中国教育的根本属性。

（1）开好两会，提升书记校（园）长政治领导力。一是书记校（园）长读书会。书记校（园）长是一个学校的灵魂，有灵魂的校长才能带出有灵魂的教师，才能办好有灵魂的学校。道德修养、教育思想从哪里来？从坚持不懈地学习中习得。上城区历来十分重视书记校（园）长学习氛围的建设，每年都会举办两次书记校（园）长读书会（见图 8-2-2）。上城区的书记校（园）长读书会主题紧跟教育政策，面向教育的未来和发展，旨在提升书记校（园）长的引领力、学习力、执行力和创新力。

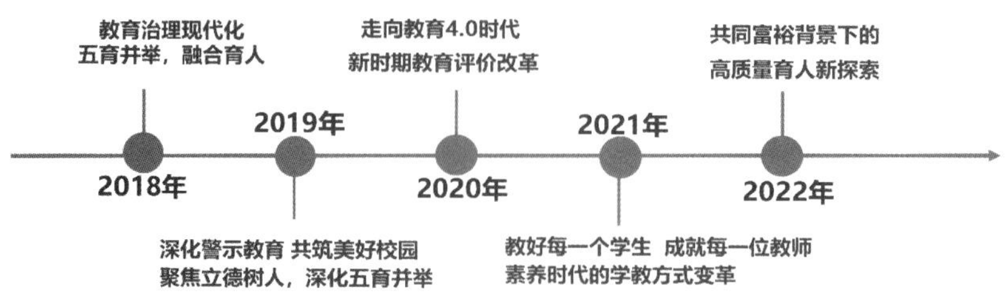

图 8-2-2　上城区教育局 2018—2022 年书记校（园）长读书会会议主题

读书会内容丰富，形式多样：专家报告、书记党课，把握方向，开阔眼界，陶冶性情，锤炼党性；经验分享、成果推荐，把思路规划转化为实际举措，学用结合，学以致用；头脑风暴、读书沙龙，鼓励创新，突破传统思维，解决新问题有新思路、新举措；政策解读、工作部署，保障落实规范办学，履行主体责任，强化责任担当。

读书会让书记校（园）长共同参加，增强了党政齐心带领党员群众保证中心工作目标的意识，为当下推进中小学校党组织领导的校长负责制提供了样本。

二是名师名校长论坛。中国杭州名师名校长论坛是“中国杭州西湖博览会”注册项目，该论坛层次高、专业强、主题明、国际化。2003 年上城区教育局积极争取承办权，该论坛的承办是对上城教育优质均衡发展的全面检验，也是对书记校（园）长引领力、执行力的全面检验。“面向未来的教师核心能力发展”“教育治理现代化”“差异教育研究”“聚焦课程建设，回归教育原点”“走向未来的美好教育”“厚植家国情怀，培育时代新人”……一届届论坛扎根中国大地，把握教育发展的脉搏，聆听时代的声音，放眼未来，立足当下，以培养担当民族复兴大任的时代新人为出发点和落脚点，共同探讨“立德树人，五育并举”为导向的未来教育发展方向和路径。书记校（园）长与受邀省市相关行政部门领导、来自全国各地知名专家学者进行高端对话，在碰撞中立德修身、开拓创新。至今已有杭州市崇文实验学校、杭州市天长小学、杭州市凤凰小学、杭州市行知幼儿园等 20 余所学校（幼儿园）展示办学成果，俞国娣、楼朝晖、唐彩斌、傅颂九、周芸佳、李爱敏、陈云等60多位校（园）长在论坛上进行“西湖论道”。

2022年中国·杭州名师名校长论坛主题为《共同富裕背景下的高质量育人新探索》，表8-2-1中九个分论坛的承办学校，从校园文化建设、教育教学改革等进行了全方位的展示。

表8-2-1　2022年中国杭州名师名校长分论坛一览表

	承办学校（院）	分论坛主题
1	杭州市凤凰小学	**教育评价分论坛** 可见的成长：数智赋能小学生综合评价的创新研究
2	杭州采荷第二小学教育集团	家校社协同分论坛未来学校与社区融合育人路径新探索
3	杭州师范大学第一附属小学	**体育分论坛** 体教融合：基于“数智驱动”的学校体育整体变革
4	杭州师范大学东城小学	**思政教育分论坛** 新时代背景下大中小思政一体化的建构与实施
5	杭州市娃哈哈小学	**美育分论坛** 共话新时代美育新图景
6	杭州市丁兰第二小学	**学习中心分论坛** 跨学科视域下的学教变革
7	杭州市胜利实验笕成小学	**教育共富分论坛** 同向同行 共创儿童幸福学校
8	杭州市上城区教育学院	**思维课堂分论坛** 全国第三届中小学“思维课堂”高峰论坛暨“看见思维 赋能学习”教学研讨会
9	杭州濮家小学教育集团	**杭州市上城区智慧教育高峰论坛** 技术赋能课堂教学新样态

（2）实施“两个工程”，助推后备干部拔节孕穗。“十三五”期间，在人才队伍建设方面，围绕如何培育上城教育的新生力量，上城区开始了新的积极探索。“未来名师名校长培养工程”“校级干部岗前培训工程”应运而生，成为上城名校长成长的重要载体和舞台。

“未来名师名校长培养工程”是上城区教育局“十三五”期间教育人才培

养重点项目，“强强联手，优势互补”的区域教育和高校联合培养骨干教师和管理干部的模式是上城的新思路，该工程“个性化精准定位”“双导师充分引领”“分阶段分期培训”“显性化成果展示”，通过高校研修、跟岗实践、影子培训、海外研修、成果展示等方式全力助推未来名校长的个性化发展。

链接8-2-1展示的短片《砥砺前行，我们这样走来》（扫描二维码即可观看），是第一届未来名师名校长培训班的三年学习回顾，展现了这批未来名校长静心学习的时光、思考积淀的力量以及拔节孕穗的成长。经过三年的培养，一批理念新锐、敢于探索，具有全省乃至全国知名度的名校长群体茁壮成长。他们带着诗和梦想走向远方，在不远的将来，他们必将开创上城教育的新篇章。

链接 8-2-1
《砥砺前行，我们这样走来》

“校级干部岗前培训工程”是指每年上城区教育局都会选拔一批德才兼备的教师，经过民主推荐、组织考察走上干部岗位。培养和储备政治素养高、发展潜力大的校级后备干部，是上城教育发展的希望。上城区的校级干部岗前培训扎实有力，岗前培训为期一年，每周二是全区校级后备干部的学习日，这里有领导仰望星空、脚踏实地的殷殷嘱托；有科室主任规范流程、高效工作的实践指导；有实践导师不忘初心、继续前行的谆谆教诲；有纪检监察的教育治理，法治先行的法制学习。

他们了解国际国内形势，学习教育教学政策方针，与国内外知名专家对话，提升视野和格局。他们走进一所所名校，拜访一位位名校长，吸收先进的办学治学经验。他们开展为期一周的浸润式跟岗学习，带着问题去，带着诊断报告回。他们在双向选择中拜名校长为师，从师傅身上发现人性的光辉，汲取人格的力量……一年的培训，强后备干部思想的“基”，铸后备干部思想的“魂”。

2. 强化党性锤炼、师德师风建设的“上城模式”

上城区教育局党委始终以加强思想政治建设、坚持政治建设为第一标准，保持“进”的步伐和“恒”的韧劲。党员干部全链式研学研修，统筹推进党员干部学习教育；常态化抓好师德师风建设“六个一”工程，全面提升上城党员教师的政治判断力、政治领悟力和政治执行力。

（1）党员领跑，发挥党员先锋模范作用。依托上城区委的领导干部领学机制、分层轮训辅学机制、主题党日月学机制、学思践悟自学机制、结对共建互学机制、深入一线践学机制、争先晋位比学机制、党性体检检学机制、定期巡查督学机制、“互联网 +”助学机制等 10 大机制，引导广大党员在“学”上下苦功、在“做”上当表率、在“改”上求实效、在“广”上作拓展、在“长”上见真功，学思践悟、知行合一，推动学习教育全覆盖、常态化、重创新、求实效。

以意识形态工作为抓手，结合“两学一做”学习教育常态化制度化、“不忘初心、牢记使命”主题教育、“三领工作机制”活动、党员春训冬训等工作，建立党史学习教育常态化长效化制度机制，推动党史学习教育融入支部学习研讨和党员日常教育。结合教育实际，区教育局党委每月向各学校基层党组织推荐理论学习材料，引导党员与时俱进跟党走。规范创新各基层党组织的主题党日，鼓励将入场签到、交纳党费、重温誓词、诵读党章、专题党课、政治生日、爱心传递、合唱红歌等 8 项“规定动作”和富有支部特色的“自选动作”结合起来，不断增强党员教师“四个意识”，使其坚定“四个自信”，争做“四有”教师。

党员领跑筑堡垒，常态长效坚持“学史力行”。深化完善基层党组织和党员干部“三领”工作机制，通过“支部领衔攻坚”“书记领办项目”“党员领跑示范”见人见事见成效。充分发挥党员先锋模范作用，拓展示范带动功能，引导广大党员干部积极破解教育改革发展的突出问题，在立德树人、专项调研、课程改革、落实“双减”、学后托管等重点工作，以及重要时刻、重大考验面前，党员能站得起来，冲得上去，一路领跑。

推动教育共富，上城党员有行动。党员干部积极带头做美好教育的使者，努力实现优质教育资源共享。上城区教育局对省内外 13 个帮扶地区进行长期支教，仅2021年和2022年上城区教育局就派出教师82人，分赴新疆阿克苏、青海德令哈、西藏、贵州雷山、贵州三穗、湖北恩施、湖北鹤峰、四川剑阁、四川雅江、浙江淳安等地支教。教育局还率先在6个区域实施“互联网+”教育共富“四同步”，实现城乡同步课堂、教师同步研修、名师同步培养、资源同步共享。

（2）拉高标杆，培育卓越上城教师精神。上城区教育局不断落实《加强中小学教师师德师风建设长效机制的实施方案》，严格执行教师全员暑期师德专题教育和日常师德教育制度、新教师岗前师德教育制度、班主任上岗教育制度。加强师德教育课程建设，完善师德培训内容，将教师思想政治教育、职业理想教育、学术规范教育、法治教育、清廉教育以及心理健康教育纳入师德教育内容。结合杭州市中小学（幼儿园）师德师风负面清单，明确划定“师德红线”和“行为底线”，开展每年一次的师德师风专项整治，在开学、期末以及重要时间节点，面向全区开展清廉教育活动，推动清廉内化为教师的职业自觉和岗位自律。

上城区以“静心教书、潜心育人、敬业成人、精业成才”为精神引领，完善“四有”师德专题培训体系，建立一批上城师德教育基地学校，培育卓越上城教师精神。实施“体味幸福”系列活动，利用身边的红色资源、教育基地，定期组织教师开展师德涵养活动，激励上城教师争做新时代的人民好教师。表8-2-2中呈现的是上城区教育发展基金会奖励、资助项目的情况，该项目定期表彰奖励师德高尚、在教书育人工作中取得突出成绩的优秀教师、育人工作先进个人，从基本条件中会发现师德表现是各级教师表彰奖励的前提条件。教育局通过每年的教师节表彰大会、“上城教育”微信平台等渠道，大力宣传榜样教师，鼓舞、启迪更多的教师求真务实，投身教育事业，推动上城教育高品质发展。

表 8-2-2 上城区优秀教师、教育工作者奖励、资助项目一览表

奖项（资助）项目	基本条件	奖励金额（含税）
教师杰出贡献“君子兰”奖	在本区域连续从事20年以上教学、管理工作，取得特别杰出成绩（在教书育人、教学改革、推动区域教育发展等方面做出杰出贡献，赢得高度赞誉）的优秀教师、优秀教育工作者	每人30万元
教师突出贡献“米兰”奖	在本区域连续从事十年以上教学、管理工作，取得特别突出成绩（如在教学中培养出大批成绩优秀的学生、在教育管理方面有较大影响、在教育科研中获得优秀成果等）的优秀教师、教育工作者	每人10万元
荣誉班主任“红梅”奖	中学教师担任班主任年限满22年，且在本区域担任班主任年限不少于12年；小学教师担任班主任年限满28年，且在本区域担任班主任年限不少于15年	一次性补足至5万元
荣誉思政教师“红梅”奖	中学教师担任思政课教学年限满20年，且在本区域担任思政课教学年限不少于12年；小学教师担任思政课教学年限满25年，且在本区域担任思政课教学年限不少于15年	人均奖励5万元
荣誉幼儿教师“红梅”奖	热爱教育事业，有崇高的师德师风，坚守幼儿园一线教育教学工作，实际带班年限满30年，且在本区域实际带班年限不少于18年	人均奖励5万元
上城名师“金桂”奖	乐于奉献，师德高尚，在本区具有较高声望和知名度，获得市级及以上教坛新秀或综合荣誉	人均奖励3万元
优秀教师、优秀教育工作者“银桂”奖	全面贯彻党的教育方针，坚持素质教育理念，面向全体学生，关心学生成长，为人师表、作风严谨，模范遵守教师（教职员工）职业道德	人均奖励3000元
学校开展“春竹”资助项目	1. 上城教育智库建设项目：要突出重点，加强整体推进，探索“立德树人”落实机制，办好人民满意的上城教育 2.“金穗”计划出版项目：重点资助有一定影响力和学术价值的科研成果和学校特色发展的经验等	每项目8万—40万元

3. 扣好职业成长第一颗扣子的“上城模式”

青年教师踏上工作岗位的第一年是关键的一年，为帮助其树立好以培养能担当民族复兴大任的时代新人为己任的初心使命，上城区教育局统筹谋划，实施“立德树人”“培优育能”“创新提效”三大工程培养，把好入职培训第一关，搭建新任教师成长平台，强化师德学习与教育，印刻“静心教书、潜心育人、精业成人、敬业成才”的上城教师精神，为其迅速成长为具有上城教师特质的上城教育人奠定基础。

（1）实施“立德树人”工程，解读上城教师精神。落实新任教师岗前师德师风培训制度，围绕“立德树人”根本任务，暑期开展“千名学生”家访活动，通过访谈和调查问卷的形式与家长学生面对面，撰写学生家长心目中的最美教师形象调查报告；“最美教师”寻访活动，以小组为单位走近区内优秀教师、“三名”教师、教师世家等“最美教师”，完成一段感言、一个记忆、一句寄语、一篇报告、一组照片；“师徒结对”活动，由学校安排一位校内师德高尚的优秀教师作为新任教师的精神导师。

每年精心设计新任教师入职第一课，案例 8-2-1 为“2019 年新教师入职第一课”的活动安排，圆桌会上走近最美教师，开展同龄开讲、名家讲坛、宣誓等活动，帮助新任教师树立远大的教育理想，解读上城教师精神，做好职业规划，唤起教师的责任感与使命感。

案例 8-2-1　“2019 年新教师入职第一课”教学设计

寻访感悟。新教师用自行创作的节目汇报暑期寻访上城最美教师的收获与感悟。

“最美”圆桌会。邀请学校教师团队、教师世家、名师名校长、30 年教龄教师等代表共聚一“桌”话上城教师精神。

“同龄”开讲啦。邀请新生代优秀教师作为演讲嘉宾，分享他们对于教师成长的生命感悟，给予在场听课新教师现实的讨论、榜样的示范和心灵的滋养。

“数据”有话说。反馈“千名学生家访”时关于“学生心目中的教师形象调查”数据情况。通过猜一猜的游戏环节，让新教师明确入职的行为准则。

“名家”讲学堂。邀请专家，溯源中国传统教师文化，联系上城教师精神特质，现场提炼出上城教师精神。

“梦想”新启航。在上城区教育局局长的引领下，全体新教师宣读《上城教师誓词》。

（杭州市上城区教育学院）

（2）实施“培优育能”工程，凝练上城教师精神。“相约星期二”是上城区教育局新任教师培训课程品牌与教师培训模式，培训为期一年。“相约星期二”是教师精神培育的饕餮大餐。上城区教育局党委书记、局长项海刚的党课“上城教育的精神与追求”是每年新任教师入职培训的第一课。除此以外，培训内容还有老党员讲党史、书记校长讲教育初心、名师讲成长故事、名班主任讲仁爱之心。每年三月带领新任教师走进培智学校，开展爱心体验活动，助推新任教师树立职业理想，提升职业幸福感。

（3）实施“创新提效”工程，践行上城教师精神。根据新教师培训人数多、区域广，以及学段、学科差异大等特点，实施区域组班的“分合式”联动管理，培训过程中分别采取“区域培训”“校（园）本研修”“中、小、幼分学段”等多个层面的分合式联动管理。一方面在进行教师精神培育、新教师团队建设、通识性技能培训等时采取学段打通、资源共享的培训模式；另一方面针对学科特色培训、小组体验式培训等采取分学段实施培训与管理。个性化、定制式的培训，有助于不同学段、不同学科、不同学校、不同起点、不同特色的新教师在整个培训过程中都得到关注，都有展示和交流的机会，落实日常师德教育制度和班主任上岗培训制度，力行师德规范，践行师德承诺，增强培训实效。

三、建立“双评”机制，让每一位教师都想“行走”

“双评”即党建工作考核和师德师风考察。在评价上，上城区教育局始终坚持“师德为第一标准”，以师德为重的评价模式。以德为导向，促进育人者自觉用“德”来反思和内化，以心育心、以德育德、以人格育人格。在立德树人进程中，上城教育不断健全“党建考核机制”和“师德师风建设长效机制”，“规约”与“奖励”并重，促进干部、教师自觉自律，向内生长，自我赋能。

1. 健全党建考核机制，发挥党组织核心作用

推进“四责协同”机制建设，强化教育系统各级党组织主体责任，党组织书记“第一责任人”责任和班子成员“一岗双责”。同时四责联动，通过“责任落实、严格贯彻、责任监督、责任追究”四个环节，形成责任闭环，推动全面从严治党层层传导，责任级级落实。严格落实“三重一大”事项集体决议制度，形成年度党风廉政建设责任清单。抓好各基层党组织每月主题党日活动学习制度，严格执行不合格党员“十条红线”评议处置方法。

充分发挥干部考核的指挥棒、风向标、助推器作用，创新干部执行力考核方式方法，强化考核结果运用的同时，发挥评价作用，加强过程性指导。依托钉钉平台，将每学期一次的书记校（园）长干部执行力考核改为每月一次。干部随时可以在考核平台了解考核项目和当月考核结果，确保党组织全面领导学校工作，履行把方向、管大局、作决策、抓班子、带队伍、保落实的领导职责，确保校（园）长在学校党组织领导下，依法依规行使职权，按照学校党组织有关决议，全面负责学校的教育教学和行政管理等工作。

建立书记“一季一述”工作制度，以书面述职与口头述职相结合的方式实现基层党组织书记履行党风廉政建设责任制报告全覆盖。建立由工会牵头，纪委监督实行的一年一次的干部民主测评，针对民主测评结果进行分析调研，激励党组织校（园）长履职尽责，担当作为。抓好每年一次的组织生活会和每学期一次的党员民主评议，使“红红脸”“出出汗”成为常态。

全力支持派驻纪检监察组履行监督职责，主动接受监督，主动沟通配合，高质量完成巡视巡察整改的后半篇文章。采用综合督导和专向督导相结合，持续开展全面从严治党专项督查，每年实施完成“30+30+N”项目，即新启动30家专项督查，完成30家督查反馈，开展N个重点单位的督查回头看，把从严管党治党的政治责任落到实处。

常态化推进基层党组织和党员干部“三领”工作机制，通过“支部领衔攻坚”“书记领办项目”“党员领跑示范”，深化“最强党支部”创建，加强“最强领头雁”培育，促进“党员领跑”。每年开展先进基层党组织、优秀党务工作者、星级先锋党员的评比，并在“七一”活动中隆重表彰。

2. 夯实师德师风建设长效机制，营造良好的上城教育生态

建立师德培训制度，以学分制为依托，严格执行教师全员暑期师德专题教育和日常师德教育制度、新教师岗前师德教育制度、班主任上岗教育制度；健全新教师入职宣誓制度，每年教师节前后组织一次当年新入职教师入职宣誓仪式；健全师德承诺制度，学校与教师签订聘用（任）合同时，同步签订师德师风承诺书和党风廉政承诺书。健全师德考核制度，制定《上城区中小学校师德师风评议和报告实施意见》，每学年对教师师德师风进行考核评议，师德师风评议应采取教师个人自评、家长和学生参与测评、考核工作小组综合评定等多种方式进行，将师德师风评议结果作为教师年度考核的主要依据；健全师德师风检查制度，每年区教育局对师德师风建设进行专项检查。

推进优秀教师表彰奖励制度，定期表彰奖励师德高尚、在教书育人工作中取得突出成绩的优秀教师、育人工作先进个人，健全优秀教师宣传制度，加大对师德优秀教师的宣传工作，讲好师德故事；建立教师荣誉制度，建立退休教师荣休仪式制度，完善教龄满 30 年中小学教师荣誉证书发放和一次性退休补贴发放制度。

开展教师有偿补课行为专项整治行动，建立健全师德监督体系，设立师德举报电话、邮箱等师德投诉举报平台，聘请师德师风监督员，通过明察暗访等方式，加强对学校师德师风工作的监督，对于违反师德的举报投诉，坚持举报一起，查处一起，决不姑息。落实师德失范惩处制度，建立健全违反师德行为受理与调查处理机制，明确处理程序；健全师德档案制度，师德培训记录、师德举报查处记录、师德总结、师德评议结果等情况及时归入教师本人师德档案；建立问责制度，对监管处分不力的，追究学校相关负责人的责任。

“时代是出卷人，我们是答卷人，人民是阅卷人”，上城区教育局将进一步贯彻党的教育方针，勇挑为党育人为国育才重担，立足实际，坚持改革创新，推进“行走德育”，扣好学生成长的“第一粒扣子”，回答好坚定信念、对党忠诚的政治卷，回答好立德树人、五育并举的专业卷，回答好高水平优质均衡发展的民生卷，履行党和国家赋予的使命，实践新时代教师的职责，满足人民对教育的期望，建设“美好教育”上城模式。

参考文献

[1] 中共中央办公厅 . 关于建立中小学校党组织领导的校长负责制的意见（试行）[EB/OL] .（2022-01-26）[2022-09-14] .http://www.gov.cn/zhengce/2022-01/26/content_5670588.htm.

[2] 教育部 . 关于印发《中小学德育工作指南》的通知 [EB/OL] .（2017-08-17）[2022-09-14] .http://www.gov.cn/gongbao/content/2018/content_5254319.htm.

[3] 王莺 . 行走德育：让社会主义核心价值观成为学生成长的芯片 [M] . 杭州：浙江大学出版社，2021.

[4] 马越 . 秉承“延安精神”风貌强化整体功能建设——上海市延安中学充分发挥党组织政治核心作用路径探索 [J] . 现代教学，2018（Z4）:79-82.

[5] 陈设立 . 上海市中小学校党建工作案例选编 [M] 上海：上海教育出版社，2018.

[6] 成尚荣 . 做中国立德树人好教师 [M] . 上海：华东师范大学出版社，2021.

[7] 2021 中国基础教育年度报告 [J] . 人民教育，2022（Z1）：6.

[8] 新华社 . 中共中央办公厅印发《党政领导干部考核工作条例》[EB/OL] .（2019-04-21）[2022-09-14] .http://www.gov.cn/zhengce/2019-04/21/content_5384955.htm.

第九章

理论的探索：行走德育论的初步构建

育人先育德，成才先成人。落实立德树人根本任务，是新时代全面加强学校党的建设的一项重大任务，是学习贯彻习近平新时代中国特色社会主义思想的具体实践。这不仅关系当代中国德育教育的质效，而且还能洞见基层学校党组织的政治判断力、政治领悟力和政治执行力。上城先行的“行走德育”，是坚持以德为先，培育能担当中华民族伟大复兴大任的时代新人的积极探索，是对马克思主义生命观和知行合一教育规律的有力遵循，更是中央有号令、上城见行动，坚决当好“红色根脉”传承人、守护者的生动写照。

第一节
知行合一的文化渊源

⊙

行走德育强调以“行走”为方式，以“铸魂”为目的，通过在“行走”中学，来达成核心素养的提升，这与中华传统文化中的知行合一理念一脉相承。“行走德育论”就是在知行合一理论基础上展开研究的，同时赋予其新的时代内涵，与当前的新课程改革和培养学生核心素养大背景高度契合。

一、文化渊源：知行合一理论的内涵及发展

作为上城教育的金名片，行走德育有着深厚的文化底蕴和内在依据，行走德育植根于杭州文化名城的精神沃土，闪耀着中华传统文化的精神光芒，以文化人，以德育人，给学生以成长的价值追求和温暖的生命指引。

1. 知行合一理论的内涵

知行合一理论是研究知行关系的理论，知行关系是哲学史上的一个重要命

题。教育是育人的过程，“行走德育论”就是建立在知行合一理论基础上展开研究的。知行合一理论从提出到正确理解再到广泛应用，经历了一个长期的发展过程，但本质上是围绕“知”与“行”这两个基本范畴，探究它们的对立统一关系。

从哲学范畴来看，“知”是指物质世界的客观事物本质属性在人脑中的主观映象。“知”的本质是知性、理性与逻辑，是人的身心发展的基础。“知”具体表现为知识、阅历、态度、境界、方法、功能、途径、规则、法律、道理、世界观、价值观、人生观等形式与内涵。总体上看，“知”皆与主观精神有关。

从哲学范畴来看，“行”是指主体有目的、有意识能动地改造世界的活动。“行”的本质是活动与实践，作为物质世界主体的人都是以“行”的方式存在。从根本上说，“行”本质上是指主体与客体相统一、相联结的过程，是主观见之于客观的活动，即实践。

知行合一理论强调知行关系是相互依存的，而不是割裂的，知是行的出发点，是指导行的；行是知的归宿，是实现知的。知行合一理论本质是知中有行，行中见知，知行并进，知与行是一个统一的有机整体，知与行是同步的，是同一过程的两个方面。行走德育教育中讲的知行合一就是认知和行为的合一，就是学和习的合一。知是基础、是前提，行是重点、是关键，以“知”促“行”，以“行”促“知”，最后达到知行合一。

2. 知行合一理论的发展

在中国哲学史上，对于知行关系的认识经历了一个长期的过程。知行合一理论在历史发展的长河中蕴含着丰富而又深刻的中国文化和中国智慧。

在先秦时期，《尚书》《左传》等书籍中都有关于对“知”与“行”的阐述，《尚书》有“非知之艰，行之惟艰”之说，《左传》有“非知之实难，将在行之”之说，指出了知与行的主要矛盾，即知易行难，贵在行动、难在行动。同时，对于知，古人也有强调，《孟子》“心之官则思”的论述赋予了“心”一种自觉的认识，确立起“心”的主体地位，强调了人的主观精神对“思”，也即

“知”的作用。先秦时期关于知与行的关系的阐述影响最为深远的当属大教育家、思想家孔子。知与行是孔子思想体系中的一对重要范畴。知行问题在儒家思想中自始就占据着重要地位。《论语》中“学而时习之”这一观点，其实就包含了知与行两个方面，学就是知，习就是行。孔子提出，“生而知之者，上也；学而知之者，次也；困而学之，又其次也；困而不学，民斯为下矣”。这蕴含着孔子对于“知”的观点，即学习是获得知识的途径，学习的目的就是“知”。同时，孔子也对“行”做出了阐述，他认为，“弟子，入则孝，出则弟，谨而信，泛爱众，而亲仁。行有余力，则以学文”。这就说明了孔子非常重视“行”，并且认为“行”比“学”要重要，行在前而学在后。孔子将“知”和“行”联系起来，在同一层面上进行论述，这在哲学史上具有重要意义，丰富了先秦时期对知行关系的认识。

宋明时期的程朱理学对知行关系作了进一步分析与发展。程朱理学强调“知”是“行”之“本”，“知”决定“行”，“行”则是由“知”派生而来。朱熹说，“论轻重，行为重”，“知”不是空虚和虚伪的，“明理之终”的关键就在于“力行”。程朱理学认为知行二者存在互相依赖、相互促进的关系，提出了“知行并进”“知行相须”“知先行重”等论点。

针对朱熹理学提出的“知行相须，知先行重”观点，明朝著名思想家、军事家，心学集大成者王守仁（王阳明）首次提出了“知行合一”思想，这也是王守仁创立的“阳明心学”的核心思想之一。王守仁的“知行合一”思想主要包括两层意思：一是“知中有行，行中有知”，二是“以知为行，知决定行”。“阳明心学”在明代的思想建设、社会民智的开发等方面都发挥了重要的作用，在中国学术思想史上产生了巨大影响。王守仁的知行合一思想充满了鲜明的实践本位特征，王守仁将知与行由简单的人的行为的两个部分合一，上升为一个本体概念。知行合一思想，改变了此前思想家们把知与行进行分割、区别的做法，认为知行本为一体，是相互包含的。王守仁把知行合一上升到本体，实际上是对生命的高度礼赞，赋予人的生命以主体性。

近现代以来还有很多思想家也对知行合一学说进行了探讨，但阐述最为科学和最具影响力的当属伟大领袖毛泽东，毛泽东在其著作《实践论》中对知行合一进行了深刻阐述，是中国哲学史上对知行合一关系认识最彻底的成果，充分地体现了辩证唯物主义。毛泽东的知行统一观来源于马克思主义，同时也是对中国古代哲学史的知行观的总结和吸收，它完整地理解了知与行的辩证关系。毛泽东指出："实践、认识、再实践、再认识，这种形式，循环往复以至无穷，而实践和认识之每一循环的内容，都比较地进到了高一级的程度。"在动态的过程中达到主观和客观、理论和实践、知和行的具体的历史的统一。这既是辩证唯物论的全部认识论，也是辩证唯物论的知行统一观。改革开放前夕，中央开展的关于实践是检验真理的唯一标准的大讨论是对实践与认识、知与行的辩证统一关系的进一步科学阐述与推进。

党的十八大以来，习近平总书记大力倡导继承和弘扬中华优秀传统文化，充分肯定阳明心学的历史作用和时代价值，在多个场合高度认可、系统阐述"知行合一"的学说，强调理论和实践的辩证统一，知是基础、是前提，行是重点、是关键，要不断做到以"知"促"行"、以"行"促"知"、知行合一。习近平新时代中国特色社会主义思想正是在新时代中国特色社会主义的伟大实践中形成和发展起来的，又为我们今后的中国特色社会主义的伟大新实践提供理论指导，是具有开创意义的新理念、新思想、新战略，是在实践中不断发展的科学理论。这是以习近平同志为核心的党中央在治国理政的实践中践行知行合一理论的最好诠释。发展中国特色社会主义文化，培养担当民族复兴大任的时代新人，就要把培育和践行社会主义核心价值观作为凝魂聚气、强基固本的基础工程。培育和践行社会主义核心价值观，要使社会主义核心价值观的影响像空气一样无所不在、无时不有；使社会主义核心价值观与人们日常生活紧密联系起来，在落细、落小、落实上下功夫；使社会主义核心价值观内化为人们的精神追求，外化为人们的自觉行动。内化于心、外化于行、知行合一。

二、“行走德育”：育人样式灵动而又无声

行走德育是中小学“价值铸魂”的育人实践，具体指通过构建网图式的行走课程，应用“行中学”的实施样式，开展主题行走活动，以“行走”为方式，以“铸魂”为目的，让学生在亲身经历、亲身体认和亲身实践中，认知、认同并自觉践行社会主义核心价值观，培养能够担当民族复兴大任的时代新人。“行走德育论”体现了马克思主义实践观与中国“知行合一”思想的融通，是马克思主义育人思想中国化的生动实践的理论。“行走德育论”摒弃生硬的说教和灌输，在德育方式上推崇在快乐参与各种德育活动中放飞学生灵动的生命，让学生心灵自然而然地在快乐的德育活动中得到浸润。行走德育的育人样式灵动而又无声，是“润物细无声”的教育。

1. 行走德育的标尺：崇尚良知与高德的一致性

良知是指来自灵魂深处深刻反省的是非观。高德是指崇高的德行。知善知恶，德行崇高，才能把善行践行下去，才能真正践行社会主义核心价值观。良知与高德，是一个人的立身之本，也是行走德育的根基。良知与高德，是行走德育的原点，也是行走德育的落脚点。“教育者必先强己，育人者必先律己”，行走德育依托活动让学生体验和实践，因此，作为活动的组织者和管理者，学校教师以及活动基地的工作人员、服务人员必须以自身高尚的人格教育学生、影响学生、示范学生，让学生在潜移默化中择善而从。同时，行走德育对活动有严格要求，活动必须崇尚良知与高德，活动基地、活动平台必须高雅有情趣，活动资源、素材、展板、展物、展图、展画等都必须文明、健康、绿色。

2. 行走德育的样态：展现灵动体验与无声教育的契合性

相对于班级授课、课堂教学、讲坛论坛等，行走德育提供的是新的教育样态，在行走德育的全过程中，学生既是主题活动灵动体验的主体，也是整个无声教育过程的主体，灵动体验与无声教育高度契合。上城区教育学院院长王莺

以诗意的语言，诠释了她对“行走德育”的理解：她是灵动的，而不是静止的；是活色生香、行走到处，而不是生硬地说教和灌输；是在快快乐乐地参与各种德育活动中得到浸润和内化的，是“润物细无声”的教育。上城区丰富的自然和历史资源为行走德育提供了丰饶的土壤。上城区知名景点、博物馆、展览馆、实践基地、杭州本土知名企业等，均可成为代表杭州本土特色的德育资源，这些德育资源和学校一起整合力量，让学生在参观体验和实地参与各种德育活动中得到浸润和内化，实现育人价值。如西湖风景名胜区管理处与学校更好地互动，将钱王祠、柳浪闻莺等景点都列入第二课堂，为学生开设插花大学堂、提供园艺美化等相关的体验，通过开发更丰富的文化之旅项目，实现价值铸魂的育人目的。

3. 行走德育的生命：遵循继承与发展的统一性

提升德育的实效性，是所有德育工作者的不懈追求，也是德育工作面临的一大难题。

行走德育是德育课程的重要组成部分，是马克思主义实践观在德育课程中的生动体现。德育思想是民族文化的重要组成部分，要在实践中不断地向前发展。行走德育也需要不断吸收和继承传统德育的精华，不断发展与创新，才能有生命力。

（1）行走德育的继承性。继承是行走德育的重要前提。德育方法、德育内容、德育形式等方面的继承是传承党、国家、民族的宝贵精神财富的需要，是再现上城区丰富的自然和历史资源价值以及传承上城宋韵文化的需要。在行走德育中，要吸取中华传统文化营养，发扬中华文化德育优势，在实践中不断改进德育方法，提高德育实效。中国文化源远流长，博大精深，杭州是历史文化名城，人文荟萃，这些都是行走德育工作的不竭源泉。新形势下要发挥这些传统文化的新价值，为行走德育提供新思路、新方法、新内容。

（2）行走德育的时代性与创新性。德育工作的发展离不开创新，紧跟时代，是在与时俱进的基础上创新。创新是德育方法的动力源泉。德育工作创新，是在继承、借鉴的基础上，创造出符合时代要求的新思路、新方法、新内容。行走德育，就是顺应了当今时代、符合上城区区情的提升德育实效性的德育探索。行走德育改变了德育的思维方式，用开放性眼光思考德育问题。行走德育在路径上实现了从简单灌输说教型转向行走体验和内心感悟，在空间上实现了从教室集中型转向场所分散型，在效果上实现了从单一德育认知转向能力综合提升。

行走德育能走多远，取决于行走德育的实效性，提升行走德育的实效性必须遵循继承与发展的统一性。行走德育坚持在继承的基础上发展，在发展的过程中继承，坚持“以生为本”的理念，体现时代精神和创新精神，在行走中提升学生的核心素养和生命境界。

4. 行走德育的飞跃：实现知促行与行致知的整合性

行走德育以“行走”为方式，以“铸魂”为目的。行走德育的价值在于内化于心，外化于行，实现知促行与行致知的整合性，实现让人成人的育人价值。行走德育实现育人价值必须经历和完成两次飞跃：

（1）第一次飞跃：知促行。通过第一次飞跃衡量行走德育育人价值的效度。“知”指通过学习和思考，对事物有清楚、明白的认知。“行”是将学懂悟透的理论和认知付诸实践。真知才能真行，真行才是真知。“知”是基础、是前提，“行”是重点、是关键。要实现行走德育的育人价值，首先要以“知”促“行”，有多少“知”付诸“行”是衡量行走德育育人价值效度的标尺。“知”若不能付诸“行”，就是空洞的认知。行走德育坚持知行合一，强调“知”的实际运用价值和效度，崇尚学以致用，不仅把“知”内化于心，更注重把“知”提升到外化于行的高度，从而促进学生实现“知促行”的飞跃。

（2）第二次飞跃：行致知。通过第二次飞跃衡量行走德育育人价值的高度。“知”的目的是“行”，“知”是否正确，要通过“行”来检验。“行”大于“知”，行而致知，就是说在“行”的过程中对事物有更深刻的理解，达到“知”的结果。倡导“由行致知”，主张通过学生亲身体验、探究性行动、展示性行为深化认知、生成智慧，让学生爱“行”、会“行”，以会“行”促进会真“知”，即学生在“行”的过程中形成自己的新“知”。由行致知的过程蕴含着丰富的教育价值，“行”有多远、“行”中所悟所得的新“知”有多真有多实是衡量行走德育育人价值高度的标尺。行走德育坚持知行合一，在“行走”中广泛涉猎知识，在体验中提升思维、明白事理，从而促进学生实现“行致知”的飞跃。

由此可见，知和行分别是认识世界、改造世界的基本途径和集中体现，知中有行，行中有知，二者相辅相成，不能偏废、不可或缺。行走德育以“行走”为方式，以“铸魂”为目的，以知行合一的思想引发学生的自觉认知和实际行动，在体验中实现知促行与行致知的最佳整合，提升学生核心素养和生命价值，育人范式灵动而又无声。

第二节
行走德育的理论功用

⦿

德育工作是新时代全面加强学校党的建设的一项重大任务，直接关系到“为谁培养人、培养什么人、怎样培养人”的根本问题。上城通过“行走德育”探索，坚持“立德树人”——为党育人、为国育才，不断澄清“行走德育论”的理论意蕴和实践意义，优化全员参与、全程育人体系，打造全域协同、全面育人时空矩阵，引领学生确立正确的价值坐标，培养具有“身心健康、品质优秀、素质全面、学业上乘、个性鲜明”的“上城气质”的上城学子。

一、理论价值：“行走德育论”的时代意蕴

“行走德育”的区域范式，是对马克思主义生命观的认识与实践，是遵循知行合一规律，坚持“笃行养德、深度体验、全域协同”理念，深化育人方式改革，将社会主义核心价值观作为一项长期坚持的工作加以推进和深化的“上城行动”。

1.“行走德育论”的主体基础是马克思关于实现人的整体性存在的生命观

立德树人工作是在中国特色社会主义条件之下自觉进行的文化教育活动，引导学生超越趋利避害本能所造成的视域局限，充分发挥意识形态的功用，形成健全的文化人格，最终完成“以文化人”的使命，培养一批又一批合格的社会主义事业接班人和建设者。

马克思的生命观对人的整体性生命存在的完整理解，为我们全面理解人，进而在此基础上富有成效地开展新时代立德树人工作提供了重要的理论资源和学术支撑。

马克思认为，人这一“生命存在”，需要通过自由自觉的实践活动满足整体性生命需求，也就是说，“人是一切社会关系的总和”，需要通过社会合作来满足自身的生存需求和发展需求。马克思还认为，站在社会历史的维度看，人需要解决与他人、与自然、与社会、与自身的矛盾，从而实现自由个性的生命存在。以上马克思主义生命观，是新时代思想政治教育工作赖以展开的逻辑起点，也是“行走德育论”的理论基础。

“行走德育”是认识到学生作为一个整体性的生命存在，从社会关系本质的宏观视角，基于对学生的生理、心理研究，瞄准其道德实践的需要，在全场域、全时空的道德实践中，对其思想、行为发展规律及生命成长规律进行有益探索。行走德育论中的“行走”，是指在学校德育过程中，作为主体的学生，能动地、现实地参与各种道德实践，从而触发道德意识，最终促进个体道德整体发展的过程。通过“行走德育”，引导学生在体验“成长”“满足”“愉悦”“自由”的过程中更好地认识自己，获得更加积极的生命体验，最终能切实地观照人的整体性生命需求。践行“行走德育”可以在潜移默化中引导学生立足于人的整体性生命存在，关注人的自我意识、生命活动、生活方式，在探究社会关系本质中，不断修正健全价值观，形成更加健全的人格。行走德育提出“让社会主义核心价值观成为学生成长的‘芯片’”，就是要让学生在德育实践中把社会主义核心价值观内嵌为自己的言行准则和坚定信念，通晓之、笃信之、践行之。

全面理解和领悟马克思主义生命观，充分认识人作为“整体性生命存在”的要义，有利于中国特色社会主义立德树人工作富有成效地开展。我们必须将立德树人工作与学习贯彻马克思主义生命观有机结合起来，厘清其作为主体性基础的价值与意义，加强价值引领和政治启蒙，培育学生健全的自我意识，引导学生涵养健康的生命激情，努力成就时代新人。因此，“行走德育”坚定以人的全面发展为本的教育工作方向，坚持“人的发展是人的完整实现”这一认识。深刻把握“行走德育”的基本定位，使学生在学习、合作、交流、探索、体验等一切教育行为中，在认知、情感、伦理、审美、体能、想象、创造、交往等诸多方面加以践行和深化，助力学生得以全面而充分地发展，最终达成“人作为个体丰富的个性的完整实现”这一发展目标，做“个人成长的守护人、他人生命的摆渡人、美好社会的撑伞人、党和国家的接班人”，书写“大写之人”的美好生命画卷。

2.“行走德育论”勾勒出铸魂育人的路径探索

“行走德育”坚持与时代同步伐，勾勒出上城对铸魂育人的路径探索，回答了青少年德育“往哪走”的问题。

道德养成离不开实践和行动，因为道德本质上是实践的，而德育以道德为内容，以培养个体道德、形成道德主体为目标，其本质必然也是实践的。也就是说，学生的德行是在道德实践中形成和发展的，实践是学生道德的存在形态，学生的道德实践是检验德育效果的标准。因此，将社会道德实践的要求与学生道德实践的内生需求有机统一起来，是德育工作的出发点和动力源。上城区落实立德树人根本任务，创设“行走德育”范式，通过“三对关系”即理论与实践、课内与课外、解决思想问题与解决实际问题，做好“三个结合”的路径选择，克服知行分离、远离社会、实践缺失等问题，顺应人的身心和谐全面发展的内在要求。概括来说，其内涵主要体现在三个方面:

第一，“行走德育论”确立了铸魂育人的价值取向。扎根中国大地办教育，首先必须明确“培养什么人”的问题。根据马克思主义关于人的本质观与实践观——人是社会的人，人是社会实践的主体，行走德育将学生置于社会关系之中，置于德育生活和德育实践之中，引导学生在一切社会关系中建立文化认同、身份认同、社会认同、价值观认同，塑造正确的社会责任感和集体荣誉感，培育和养成参与社会、服务社会的道德实践的习惯与能力，使学生在知行合一中“致良知”，达到立德育心、培根铸魂的教育目标，有效回应了“培养什么人”之问。

第二，“行走德育论”优化了铸魂育人的策略选择。“行走德育”是五育融合的“上城方案”，是回答“怎样培养人”问题的策略选择。学生的认识，往往在认识与实践的循环中实现螺旋上升。“行走德育”贯穿“价值体验—价值澄清—价值内化—价值引领”过程，是对“认识实践论”的个性丰富，助推学生在认识、体验文化成果时汲取营养、获取科学认识和价值观念，在德育实践中得以检验、沉淀、升华，发挥德育实践“启智增慧”的育人功能，实现学科育人、文化育人、社会育人、实践育人和活动育人的功效。

第三，“行走德育论”建构了铸魂育人的支持系统。“行走德育”坚持“三全育人”（即全员育人、全面育人、全程育人）教育理念，打造全方位育人时空矩阵，充分开发和利用周边的红色资源、国防资源、文旅资源、科技资源、属地行政资源、企事业单位资源，构建“党建同心圆”“党建共同体”，建设或共建一批具有实践体验功能的“第二课堂”、教育“第三空间”，以开展研学旅行、实践教育、劳动教育、革命传统教育、爱国主义教育；推进教育数字化、信息化和德育工作的深度融合，通过跨校、跨界、跨域、跨屏，做到课内课外、校内校外、线上线下相结合，“星级家长执照”工程持续深入推进、“淘活动”平台闪亮登场……家校政社协同的“上城智慧”，为创设知行合一的育人体系注入了新的活力。

3.“行走德育论”的价值旨归是铸魂育人“明明德”

行走德育使德育回归真正的主体性德育。知性德育培养出来的学生往往只掌握德知，而不能或不能很好地进行道德实践，是被动接受道德灌输的“美德之袋”“道德之洞”，与人的完整生命存在的意义相背离，与道德的实践性和“实践—认知—实践”完整过程要求相背离。“行走德育”设计文化接力、红色传承、国情体察、社会公益、剧场演艺、非遗手作、仪式典礼、场馆探宝、营地生活、走读天下、“小鬼当家”、农工实习、职场体验、关爱智造、社群模拟、志愿服务等 16 个系列的“行走”范式，让学生从中体验认知价值观，并强化感悟，形成稳定的认同感，使得观念得以形成、价值观外化为自觉行为，进而升华内化为坚定的信念，有助于形成知行统一的、言行一致的良好的品德。

行走德育回归了德育实践性这一本质特征。行走德育从顶层规划的角度，从“体验传统文化之美、传承红色根脉之魂、发现祖国建设之美、树立少年报国之志”四个维度切入，体现“德知”与“德行”育人价值的关联性和一致性，体现出育人过程的动态性和相容性，其教学目标、内容、实施方法、评价均体现出极强的实践性，有助于德育返璞归真，回归德育的实践本质。尤其是行走德育在“寻根之旅”“承志之旅”“追梦之旅”“扬帆之旅”四大主题中体现出的实施方法，围绕学生直接经验展开，通过“做”“行动”“亲历”“沉浸”，让学生积极主动地参与交往合作、操作扮演、劳动探究，触发知情意行的高度融合。

行走德育赋予了新的德育目标观。客观地讲，在现实的德育中，教师也组织学生进行道德实践，但这些实践往往由学校和教师自上而下组织并要求学生必须参与，学生是被动而例行公事地参加；在特定的场合，学生戴着“面具”参加活动，把真实的自我思想、行为隐蔽起来，按照教师们所期望的方式，做出与动机相悖的行为；在开展道德实践之前往往不引导学生理解其目的与意义，实践后又不引导学生对实践过程和结果进行反思复盘，“德知”很难迁移到“德行”；在固定的节日、纪念日进行道德实践，往往表现为“运动式”“定时性”等。而发现学生群体在道德实践中遇到的普遍性、共通性的道德问题，是确立面向群体的德育内容的依据之一，也是增强德育吸引力、感染力、针对性和实效性不可或缺的途径之一。行走德育将道德实践既看作德育的手段，也看作德育的目的。这种新的德育目标观，使“行走德育”从道德实践本身的价值出发，从“爱国兴家”“社会责任”“公民养成”三个维度出发，设计、安排、组织学生经常性的道德实践，使学生的道德实践成为一种自发自觉参与的真正的自我教育活动，从而使德育走出了运动性和功利性、工具性和机械性、依从性和被动性、形式化和表演性等的误区，使德育真正成为一种实实在在的、摆脱了功利性的、富有成效的德育，建构了理想共产主义人格的实践过程，完成“学以成人”“明明德”的理性奠基，以充分发挥其立德树人、引领新时代下的中国走向更加美好明天的意识形态的功用。

二、未来演进：期待“行走德育”培根铸魂的持续“高”表现

党的十八大以来，习近平总书记围绕立德树人根本任务作了很多重要论述，对相关工作提出了明确要求。党的二十大报告指出，“全面贯彻党的教育方针，落实立德树人根本任务，培养德育体美劳全面发展的社会主义建设者和接班人”。育人的根本在于立德。实现中华民族的伟大复兴，必须通过“为党育人、为国育才”的实际行动，培养大量合格的社会主义建设者和接班人。下一步，上城区要进一步构建家校政社多方协同的共治共享教育生态，为立德树人、培根铸魂工作提供“上城方案”，培育一代代以民族复兴为己任的时代新人。

1. 进一步推动协同治理的高水平落地

行走德育探索的是以区域联动为特征之一的实践育人创新方案、推动德育方式转型的实施路径，需要跨学校、跨部门、跨机构、跨场域、跨时空的支持和保障。为此，区域层面需要建立完善一整套协同机制。

要进一步优化完善行政驱动机制。需要进一步深化上城区未成年人思想道

德工作领导小组的领导指导功能，在新上城全面融合之际，调整人员组成，充实工作力量，发挥强强联合工作优势。根据领导小组的任务分工，区教育局落实“主管部门”之责，各相关部门切实履行未成年人思想道德建设的相关责任，做到各司其职、各尽所能。

要进一步优化完善规划落地机制。在进一步对“区域规划”顶层设计进行深化完善的同时，加强与“阶段推进”实施策略的结合，完整绘就“行走德育”发展愿景图，保障各中小学校作为“行走德育”的主体部门，其德育工作有规划、有目标、有队伍、有评价。

要进一步优化完善协商会商机制。以联席会议等形式，促进文化、科技、卫生、司法等多部门和属地街道与德育工作的联动，建立涉及需求分析、沟通联系、动态监控、活动反馈和支持保障等内容的一系列工作机制，及时落实和推进分析研判、研究指导、统筹协调等相关工作，构建纵向衔接、横向贯通、科学运行、务实高效的工作网格。

2. 进一步推动德育体系的高功效融合

习近平总书记在全国教育大会上指出，“要把立德树人融入思想道德教育、文化知识教育、社会实践教育各环节”。为此，行走德育要进一步打破边界壁垒、打通内在联系，致力于建设培育“校内外德育共同体”，在德智体美劳“五育并举”中进行积极有益的探索，开辟课程深化拓展融合的新路径，形成互相依存、互相促进的新闭环。

要进一步完善课程融合机制。树立“大德育”理念，体制创新汇聚融合之力，以队伍培育夯实融合之基，“思政课程”“课程思政”“思政活动”“活动思政”四位一体，以智寓德、以体育德、以美启德、以劳树德统整推进，以发挥融入式、嵌入式、渗入式的立德树人协同效应，全面激发德育内生动力和发展活力。

要进一步完善破难工作机制。坚持问题导向，通过专家引领、定期调研，共同探索新时代背景要求下的德育工作特点规律，创新家校政社协同育人的路径、策略、方法，力求在凝聚团队合力、研究课程建构、基地顺畅运行、创新评价方式等多方面取得成果，努力形成一以贯之、久久为功的长效机制。

要进一步建立和完善评估监督机制。将德育实践的评价纳入学生综合素质评价方案之中，将以社会主义核心价值观为指向的德育实效作为中小学督导评估和校长、书记执行力考核的重要内容，作为中小学校办学水平的重要指征。进一步建立完善奖励和推广机制，定期召开“行走德育”工作交流会、现场会，传播理念、分享经验、提炼思想，形成辐射带动效应。

3. 进一步推动全域育人的高质量发展

行走德育要探寻的是立德树人工作中中小幼一体化推进的解决方案，展现的是社会主义核心价值观培育从接受为主转向实践为主，体现从封闭转向开放、从静态转向动态、从价值指引转向价值引领的演进。因此，必须进一步健全全员育人、全程育人、全面育人的体制机制，进一步建立完善学校家庭社会共育机制、资源平台共享机制，在实践中努力达成学校、家庭、政府、社会的良性互动，实现家校政社的协同育人。

要进一步优化凝聚合力的整体环境，实现全员育人。2019 年 3 月，习近平总书记在学校思想政治理论课教师座谈会上提出，“要建立党委统一领导、党政齐抓共管、有关部门各负其责、全社会协同配合的工作格局，推动形成全党全社会努力办好思政课、教师认真讲好思政课、学生积极学好思政课的良好氛围”。因此，我们要扩大参与“行走德育”工作的力量人群，不仅需要德育专业人员、思政课教师、学校管理者的全程倾力参与，还需要学校后勤服务人员以及家长志愿者、社区工作人员、非遗传承大师、政府工作人员的全员参与，形成一套系统完备、逻辑严密、内在统一的思政德育工作科学体系，推动建立“教书育人共同体”，实现全社会人人育人、处处育人。

要进一步活化知行合一的落实途径，实现全程育人。行走德育要坚持政治性和学理性相统一，坚持价值性和知识性相统一，坚持建设性和批判性相统一，坚持理论性和实践性相统一，坚持统一性和多样性相统一，坚持主导性和主体性相统一，坚持灌输性和启发性相统一，坚持显性教育和隐性教育相统一，在“八个相统一”前提下，继续守正创新，对实践育人理论的再激活、再丰富，进一步推动“范式·网图·淘平台”三大行动同步推进，拓展德育时空边界，突破学科框架制约，融通各类资源，切实凝练从价值体验、价值澄清到价值内化、价值引领的“上城经验”。

要进一步优化幸福奠基的德育生态，实现全面育人。要牢记习近平总书记的“六个下功夫”的殷殷嘱托，坚持与在坚定理想信念上下功夫，在厚植爱国主义情怀上下功夫，在加强品德修养上下功夫，在增长知识见识上下功夫，在培养奋斗精神上下功夫，在增强综合素质上下功夫对标对表，设计搭建更加科学、丰满、具象、立体的实践活动平台，找寻和探索更为务实有效的路径方法，让上城学子在“寻根”之旅中厚植爱国主义情怀，在“承志”之旅中坚定理想信念，在“追梦”之旅中培养奋斗精神，在“扬帆”之旅中加强品德修养。

2018 年，习近平总书记在全国教育大会上鲜明地指出：“我国是中国共产党领导的社会主义国家，这就决定了我们的教育必须把培养社会主义建设者和接班人作为根本任务，培养一代又一代拥护中国共产党领导和我国社会主义制度、立志为中国特色社会主义奋斗终身的有用人才。”这为我们走好新时代立德树人工作“赶考路”锚定了工作方向。让我们矢志初心、赓续奋进，携手谱写新时代“行走德育”新篇章，引领上城学子筑牢“志向的底盘”，坚实“人生的脊梁”，把自己的发展同祖国未来、民族发展紧密联结，立志为实现中华民族伟大复兴的中国梦而努力奋斗！

参考文献

[1] 吴光．“知行合一”的内涵与现实意义［N］．光明日报，2017-04-10（014）．

[2] 郭元祥．知行合一教育规律：本质内涵与时代意蕴［J］．人民教育，2022（02）：53-56.

[3] 习近平．习近平谈治国理政：第三卷［M］．北京：外文出版社，2020：328-332.

[4] 范树成．实践德育论纲［J］．教育理论与实践，2006（13）：56-60.

［5］刘力红．马克思主义生命观视域下新时代思想政治教育意蕴探微［J］．思想教育研究，2019（08）：45–49.

［6］郭元祥．知行合一教育规律：本质内涵与时代意蕴［J］．人民教育，2022（02）：53–56.

［7］陆士桢．立德树人的内涵与方法——学习落实全国教育大会精神［J］．人民教育，2019（01）：11–14.

［8］王莺．行走德育：让社会主义核心价值观成为学生成长的芯片［M］．杭州：浙江大学出版社，2021.

后　记

十年，不长，在历史长河中或许只是短暂一瞬；十年，不短，可以经历和见证一项教育改革从起步、发展、迭代、变革到重生的巨大跨越。这样的感悟，是本书编写组在梳理、学习、探究新上城教育党建和德育工作的宏大叙事和精妙细节中得到的集中体会。

在成尚荣先生的指导下，我们围绕学习贯彻党的二十大精神，顺着《行走德育：让社会主义核心价值观成为学生成长的芯片》的脉络，探寻上城教育关于"为谁培养人、培养什么人、怎样培养人"这一根本问题的答案。在时间与事件横纵交织的党建+德育工作版图上，我们逐渐厘清，一直以来，上城教育着力构建铸魂育人的目标体系，以"行走德育""三原色德育"品牌项目为载体，持续推动理念演进和实践精进。课程，课堂，活动……一个个鲜活的因子螺旋上升，逐渐构成"行走育人"的行动范式。因此，十年"行走"，变的是时代衍生的育人思路和思政视角，不变的是立德树人指引下的价值立意和哲学规律。

在寻找逻辑起点的过程中凝聚"党建+德育"的共识。上城区教育局组织宣传科是本书的牵头科室，在正式组建书稿编写班底前，苏媛媛、孙颖兰、陶焦芳、庞科军、蒋敏、葛娟飞、马益彬等骨干成员反复思量的是：为什么要让组织宣传科来牵头撰稿成书？我们的落点究竟在党建工作还是德育工作？党建+德育的逻辑到底该怎么理顺？最终，关于“立德树人”根本任务和“为谁培养人、培养什么人、怎样培养人”的根本问题让我们找到了答案：这本书想要展现的是，在加强党的全面领导与全面加强党的建设背景下，上城教育着力构建党建统领新格局，推进以落实党的教育方针政策为目标、以德育工作为切入点的“五育并举”新发展。所谓党建+德育，以我们的理解，是对“为党育人，为国育才”这一教育使命的响亮回答。

在两区深度融合的探索中激发守正创新的热情。犹记得在确定书名的过程中，当成老点明“价值铸魂育人的时代报告”这几个字时，我们欢呼雀跃。不仅因为这几个字是对书稿内容高度精准的概括凝练，还因为这份“时代报告”是在两区融合背景下形成的，汇聚了原两区党建工作、德育工作的亮点经验，集聚了新上城教育党建、德育工作的核心骨干，凝聚了“党建+德育”共识的智慧结晶。这支沉淀了智慧和信念的团队，用守正创新的态度，细读细数原两区条线工作的精妙之处，描摹描绘新上城教育深度融合和高质发展的时代剪影。因此，这份“时代报告”，是德育工作随着时代变化的律动演进，更是新上城融合文章中德育元素在核心素养层面上的自然析出。

在根本任务之问下关于价值铸魂育人的先行探索。“立德”方能“树人”，根本任务中的“德”字足以彰显新时代学生德育工作的重要性和紧迫性。党的二十大报告指出：“教育、科技、人才是全面建设社会主义现代化国家的基础性、战略性支撑。”从这三项工作的地位作用、历史使命和相互关系来理解党和国家对教育工作的高度重视，不仅催人奋进，更让我们倍感责任重大。在这样的时代背景下，我们希望“行走德育”成为以“价值铸魂”作为核心命题的、具有一定引领性和示范性的育人模式，成为引导学生把社会主义核心价值观内化于心、外化于行的自觉追求，成为践行以习近平新时代中国特色社会主义思想铸魂育人根本宗旨的时代良方。下一步，我们还将在“党建统领”的牵引下，聚焦中小幼思政一体化建设，抓牢思政课程、课程思政的牛鼻子，创新

“三院一体”阶梯化培养体系，构建时代元素和精神力量融合的行走网图，谱写出上城美好少年的行走歌吟。

本书书稿的撰写者分别是：第一章庞科军，第二章徐峥、陶焦芳，第三章蒋敏，第四章全晓兰、王书，第五章蒋婕、徐彬，第六章马益彬、孙琴娟，第七章王书、王超锋，第八章叶建群、吕阳俊、葛娟飞，第九章孙颖兰、廖建华。此外，陈恬恬、陈鑫卉、孙秀芝参与了本书的校稿工作。书稿撰写过程中还得到了江苏省教科院研究员、国家督学成尚荣先生的倾力指导，我们不胜感激。

编者

2023 年 4 月于杭州